KB102456

투자 시프트

자산을 지키며 꾸준히 수익 내는 투자 전략

투자 시프트
SHIFT

김광석 · 김영빈 지음

INFLUENTIAL
인 플 루 엔 셜

성실히 일하면 부자가 될까?
부의 공식이 바뀌었다

공식이 바뀌었다. '성실히 일하면 부자가 된다'는 말은 철 지난 공식이 되었다. 더 많이 일하면 더 많은 돈을 벌던 시대는 끝이 났다. 성실하게 일하면 성공할 수 있다는 '능력주의(Meritocracy) 함정'에 빠지면 안 되는 시대가 된 것이다. 부의 원리가 바뀌었다.

이제는 성실히 일만 해서는 더 가난해질 수 있는 시대가 됐다. 어찌 된 일일까? 근로소득의 증가 속도가 자산가치의 증가 속도보다 느리게 움직이기 때문이다.

한 해 동안 성실하게 일하고 악착같이 저축해 1,000만 원을 모았다고 가정해보자. 그러나 그동안 집값은 1억 원이 오른다. 그렇다면 나는 1,000만 원만큼 부자가 된 것일까? 아니면 9,000만 원만큼 가난해진 것일까?

2021년 통계청의 발표에 따르면 우리나라 임금근로자의 월평균

소득은 309만 원, 중위소득은 234만 원이었다. 많은 근로자들의 월급이 200~300만 원 정도에 그치는 것을 생각하면 1년에 1,000만 원을 저축하기도 쉽지 않다. 그렇게 아끼며 저축을 해도 부동산, 주식으로 단번에 수천, 수억 원을 벌어들이는 고액자산가들 앞에서 그렇지 못한 사람들은 삶의 의욕마저 꺾일 수밖에 없다. 무엇보다 물가상승률보다 못한 이자율은 저축의 의미를 퇴색시킬 뿐이다. 즉, 이제는 '성실히' 살아가기만 할 것이 아니라, '전략적'으로 살아가야 할 시기가 된 것이다.

100세 시대,
점점 벌어지는 부의 양극화

코로나19로 많은 사람들이 경제적 고통과 인내를 강요받고 있다. 세계 경제는 코로나19로 인해 2008년 금융위기 때보다 훨씬 심각한 상황을 맞아 실업률이 악화되고 소상공인의 폐업률이 증가하고 있다. 이에 각국 정부와 중앙은행은 역사상 가장 낮은 수준의 기준금리를 도입하고 무제한 양적완화 등 동원 가능한 모든 정책을 실행 중이다. 한국도 마찬가지로 사상 최대 규모로 2020년에만 네 차례의 추가경정예산(추경)을 단행하고 사상 최초로 전 국민에게 긴급재난지원금을 지급했다. 소위 '헬리콥터 머니'라 할 만

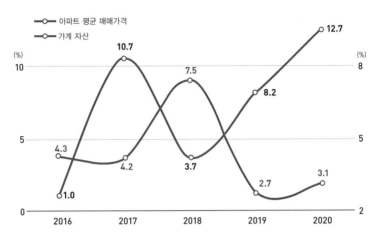

• 전국 아파트 평균 매매가격 및 가계 자산 증가율 추이 •

─○─ 아파트 평균 매매가격
─○─ 가계 자산

자료: 한국은행, 한국부동산원
주 1: 한국은행의 가계금융복지조사는 매년 3월 말 기준으로 집계됨.
주 2: 아파트 평균 매매가격은 한국부동산원 12월 전국 아파트 평균 매매가격의 전년동월대비 상승률 기준임.

큼 엄청난 유동성이 시중에 공급된 것이다.

시중에 돈이 풀리자 이에 대한 반작용으로 돈의 가치는 빠르게 하락했다. 반면 집값은 가파르게 치솟았다. 물이 위에서 아래로 흐르듯이 돈의 가치가 하락하면 자산의 가치가 상승하는 것은 자연스러운 현상이다. 실제로 2020년 우리나라의 가계 자산은 3.1%가 상승했으며, 특히 아파트 매매가는 12.7%라는 기록적인 상승률을 보였다.

자산보다 근로소득에 의존하는 비중이 높은 가정은 어떻게 됐을까? 이런 경우는 돈의 가치가 떨어질수록 경제적 충격이 더 커

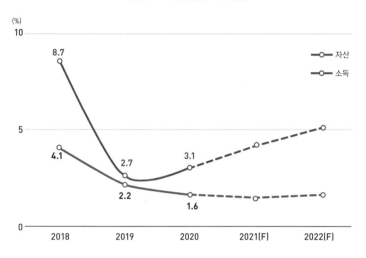

●자산 및 소득 증가율 추이와 전망●

(%)

10

8.7

자산
소득

5

4.1

2.7

3.1

2.2

1.6

0

2018   2019   2020   2021(F)   2022(F)

자료: 통계청
주: 소득은 전년도 경상소득 기준임.

질 수밖에 없다. 코로나19 이전에도 소득의 증가세는 둔화되고 있었지만, 2020년에는 그마저 줄어 1.6%로 떨어졌다.

이제 자산이 없는 이들의 고통은 현실이 되었다. 일례로 내 집 없이 살아가는 세입자들이 폭등한 전셋값에 허덕이고 있다. 실제 2020년 전셋값은 10.8%나 상승했다. 유례없는 저금리에 집주인들이 앞다퉈 전세를 월세로 전환해 수도권에서는 전셋집 찾기가 '하늘의 별 따기'가 되었다. 근로소득은 늘지 않는데 집값은 천정부지로 치솟은 것이다.

다행히도 전 세계의 모든 국제기구와 국내외 연구기관들은

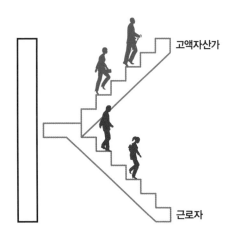

•K자형 회복•

2021년 경제가 회복할 것으로 전망한다. 그러나 아무리 긍정적으로 생각해봐도 일반 근로자들의 삶이 회복되리라 기대하기는 어렵다. 2,000만 가구의 평균 소득이 증가하고 있다고 통계는 말하지만, 실제로 우리 주위의 평범한 가장들의 주머니는 갈수록 가벼워지고 있을 뿐이다.

경제의 규모가 성장할 뿐, 밀린 빚조차 갚기 힘든 현실은 새로운 미래를 꿈꾸는 것조차 버겁게 만든다. 총합과 평균은 증가하지만, 고액자산가들만 그 회복을 실감한다. 일반 근로자들은 회복은커녕 앞으로의 미래가 갑갑하게 느껴질 뿐이다. 이런 극단적인 'K자형 회복'을 진정한 회복이라고 할 수 있을까?

부의 양극화는 더욱 강하고 빠르게 진전될 것이다. 잠재성장률이 빠르게 둔화하고 있는 한국 경제는 경기 침체를 막기 위해 계속해서 저금리를 유지할 수밖에 없고, 이는 상대적으로 자산가치를 더욱 상승시키는 요인으로 작용하기 때문이다. 경제는 점진적으로 예년의 회복세를 보이겠지만, 회복은 주식이나 부동산과 같은 자산에 적극적으로 투자해온 이들만 실감하게 될 것이다.

수축하는 경제는
나의 미래를 책임지지 못한다

코로나19 사태로 자산을 가진 이들은 자산가치 상승의 기회를 가진 반면, 그렇지 못한 이들은 오히려 '성실히 일할 기회'마저 장담할 수 없는 상황에 놓였다. 경제성장률이 둔화하면서 고용 전망이 어두워지고 있기 때문이다. 더욱이 급속도로 발전하고 있는 디지털 경제는 고용을 감소시키는 방향으로 산업구조를 재편하고 있다.

이제는 노동과 자본에 있어서 성실함보다 전략을 고민해야 할 시기다. 과거 고도성장기에는 일자리도 많고, 금리도 높아서 성실히 일하고 저축하는 것만으로도 안정적인 삶을 살 수 있었다. 자산관리는 선택 사항일 뿐이었다.

하지만 저성장이 장기간 지속되고 있는 수축경제에서는 사산관리가 성실히 일하는 것만큼 중요해졌다. 자산을 전략적으로 모으고 불리는 사람만이 살아남는 시대가 되었다는 뜻이다.

근로소득을 아끼고 저축하는 이전의 방식으로는 자산가치 상승을 따라잡을 수 없는 오늘날, 우리가 취할 방법은 단 하나뿐이다.

<u>전 재산을 과감히 투자해 자산을 형성해야 한다.</u>

기존의 여유자금으로 투자하는 방식은 우리가 장기적으로 바라는 수익을 절대 보장하지 못한다. 그러나 대부분의 일반 근로자에게는 전 재산이라고 할 만한 자산 자체가 부족할 수밖에 없다. 그렇다고 당장 살고 있는 집을 팔거나 대출로 투자금을 마련하는 것은 결코 바람직하지 않다. 투자는 절대 원금을 보장하지 않기 때문이다.

실제로 이런 현실에 부작용도 일어나고 있다. 2030세대들이 뒤처지면 죽는다는 공포감에 무리하게 빚을 내어 주식시장에 뛰어들고 있는 것이다.

<u>투자와 투기는 반드시 구분되어야 한다.</u>

미래의 불확실성에서 벗어나겠다며 빚까지 내어 리스크가 큰 개별 기업 주식에 투자하는 것은 무모하다. 대박을 꿈꾸다가는 한

순간에 쪽박을 차기 쉽다. '영끌'이나 '빚투'로 대변되는 투자는 한 번만 실패해도 삶 자체가 파탄이 날 수 있기 때문이다.

그렇다면 어떻게 해야 할까? 조급함을 내려놓고 우리가 가진 유일한 무기인 '시간'에 집중해야 한다.

훌륭한 투자는 최고의 수익률을 올리는 게 아니라 괜찮은 수익률을 계속해서 올리는 것이다. 대박을 꿈꾸며 주식투자를 시작하는 사람들이 많지만, 대박은 '운'의 영역이며 일회성이어서 반복되지 않는다. 미래를 위한 투자는 연 7~8%의 수익률을 최대한 오랫동안 꾸준히 반복하는 것이다. 단기간의 수익률은 낮더라도 시간이 쌓일수록 수익률이 마법처럼 늘어나는 복리의 힘을 믿고 위험도가 낮은 포트폴리오에 꾸준히 투자해 10년, 20년 후를 바라보는 자산 시나리오를 만들어야 한다는 뜻이다.

투자의 대전환, 새로운 자산관리 원칙의 등장

다시 한 번 강조하지만 노동으로 버는 돈(근로소득)에 우리의 미래를 맡기는 시대는 이제 끝났다. 돈이 돈을 벌게 하는 시스템적인 전략이 필요한 시기다. 따라서 지금까지의 투자 방식을 점검하고, 투자를 통해 경제적 자유에 이르려면 어떤 시나리오를 그려야 할지 살펴보아야 한다. 그러기 위해 가장 먼저 해야 할 일은 지금 우리가 맞닥뜨린 경제 흐름과 금융 패러다임을 이해하는 것이다.

1부에서는 거시적인 경제 흐름을 진단하고, 금융 투자 트렌드를 살펴볼 것이다. 이를 통해 왜 우리가 멀리 보는 투자를 해야 하는지와 매일 자산이 늘어나는 투자 방법에는 어떤 것들이 있는지 모색할 것이다.

불확실성과 싸우는 가장 현명한 방법은 객관적인 자료와 통계, 과거의 경험과 미래를 볼 수 있는 선행지표를 바탕으로 일종의 규칙성을 도출하며 미래를 전망하는 것이다. 이러한 믿음 아래 본서는 거스를 수 없는 사회 변화 흐름의 큰 줄기를 제시하고자 한다.

2부에서는 앞서 살펴본 경제 흐름과 금융 패러다임의 변화 가운데 우리 개개인이 어떻게 자산을 모아야 하는지 구체적인 시나리오를 만들어볼 것이다. 왜 월급만으로는 미래가 보장되지 않는지, 왜 전 재산을 투자해야 하는지, 수익보다 리스크 관리에 중점을 둔 '잃지 않는 투자'를 해야 하는 이유는 무엇인지 등을 살펴보려 한다. 기존에 많은 투자자들이 저지르고 있는 잘못된 투자 관념과 투자의 본질, 자신의 투자 성향을 파악하는 방법, 간접투자를 통해 효율적으로 분산투자하는 방법 등에 대해서도 다룰 것이다. 100세 시대를 살아가며 경제적 자유를 고민하는 이들에게 이 시나리오가 효과적인 가이드라인이 되길 기대한다.

투자가 선택이 아닌 필수가 된 시대다. 이제 투자는 단지 부자가 되기 위함이 아니다. 노후에 빈곤해질 위기에 대비하기 위한 생존 전략이다. 대한민국을 넘어 전 세계에서 들려오는 경제 소식들과 하루하루 요동치는 주식시장을 마주하다 보면, 미래에 대한 기대감보다 불안감이 더 큰 게 현실이다. 잘 살자고 하는 투자가 도리어 내 삶을 무너뜨리지는 않을까 하는 불안감에 밤잠을 설치는 투자자들이 한둘인가.

이제 새롭게 투자에 나서야 한다. 대박의 환상이나 수익률에 집착하는 투자에서 벗어나 리스크를 관리하며 한 걸음씩 안전하게 자산을 축적해나가야 한다. 행복한 노후를 준비하고자 하는 현명한 투자자들에게 이 책이 작은 도움이 되길 바란다.

차례

SHIFT

2부

어떠한 상황에도 흔들림 없는 투자 전략

1부

앞으로 10년,
당신의 돈은
어디를 향하는가

1장

왜
멀리 내다보는
투자를
해야 하는가

'100세 시대'는 미래가 아니다. 이미 와 있는 현재다. 아직까지 '100세 시대'라는 단어에 어떠한 긴장감도 느끼지 못했는가? 수명이 늘어난다는 것을 그저 좋은 일로만 받아들여서는 안 된다. 은퇴 후 남은 40여 년에 대한 경제적 부담에 대비해야 한다. 준비되지 않은 '100세 시대'는 축복이 아니다. 만약 준비할 시간이 부족하다면 더욱 그러하다.

100세 시대, 당신은 '무엇을' 그리고 '어떻게' 준비할 것인가?

고령사회,
우리는 어디로
가고 있는가

대한민국의 인구구조가 급격히 변하고 있다. 이러한 변화는 사회 전반에 걸쳐 영향을 미치는데, 대표적인 예로 지방대학의 몰락을 들 수 있다. 출생률이 현저히 떨어지다 보니 정원을 채우지 못하는 대학이 속출하고, 학생 미충원이 재정난으로 이어지면서 결국 폐교의 수순을 밟게 되는 식이다.

2021년 대학 입학 정원은 55만 5,000명이었으나 정작 대학에 진학해야 하는 만 18세 학령인구는 47만 6,000명에 불과했다. 전체 대학 정원보다 고등학교 졸업 정원이 7만여 명이 적으니 폐교 위기에 몰리는 대학이 생기는 것은 당연한 결과라고 할 수 있다.

지방대학의 폐교는 한 대학의 문제에 그치지 않는다. 대학을 둘러싼 지역 경제에도 영향을 끼쳐 지역 소멸을 가속화할 우려가 있다. 이렇듯 인구구조의 변화는 사회구조뿐 아니라 개인의 삶에도 영향을 미칠 수 있으므로 이를 이해하고 변화를 감지하는 것은 다른 무엇보다 중요하다.

출생률 감소 못지않게 인구구조에 영향을 미치는 것으로 고령화를 들 수 있다. 국제연합(UN)에서는 전체 인구 대비 65세 이상 인구비율이 7%를 넘으면 고령화사회, 14%를 넘으면 고령사회, 20%를 넘으면 초고령사회로 분류한다. 한국은 세계에서 가장 빠른 속도로 고령화되고 있는 나라로 2017년 고령인구 14.2%를 기록하며 고령사회로 진입했다. 이는 먼저 고령사회에 진입한 일본(24년)이나 독일(40년), 미국(73년)과 비교해봐도 굉장히 빠른 속도다. 특히 2025년에는 65세 이상 고령인구가 20%를 차지하는 초고령사회에 진입할 것으로 전망된다.

그렇다면 인구구조가 고령화된 원인은 무엇일까? 기대수명의 증가와 빠르게 감소하는 합계출산율이 대표적인 원인으로 지목된다.

한국인의 기대수명은 경제 발전과 함께 지속적으로 증가해 2015~2020년 기준 연평균 82.5세로 1970년~1975년의 63.1세와 비교해 무려 19.4세나 증가했다. 이는 경제협력개발기구(OECD) 평균인 80.7세를 훨씬 웃도는 수치이다.

반면, 합계출산율은 OECD 회원국 가운데 가장 낮은 수치를 기록하고 있다. 2015~2020년 기준 연평균 합계출산율은 1.11명으

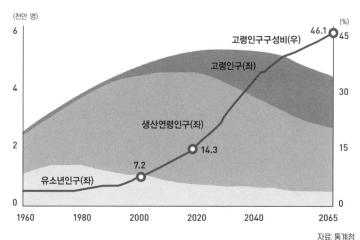

• 한국의 인구구조 추이 및 전망 •

(천만 명)

고령인구구성비(우)   46.1 45 (%)

고령인구(좌)

생산연령인구(좌)   14.3

7.2

유소년인구(좌)

1960   1980   2000   2020   2040   2065

자료: 통계청
주: 통계청의 중위기준 장래인구 특별추계를 기준으로 함.

로 1970~1975년 4.21명에 비해 3.1명이나 감소했다. 이런 이유로 불과 4년 뒤면 한국 사회는 초고령사회로 접어들 것이다.

그 결과 통계청에서 집계한 장래인구 특별추계에 따르면, 한국의 생산연령인구 구성비는 2012년 73.4%로 정점에 이른 후 지속적으로 감소하여 2067년에는 45.4% 수준까지 하락할 전망이다. 늘어나는 기대수명으로 현재의 생산연령인구는 미래의 고령인구로 유입되는 반면, 유소년인구와 미래의 생산연령인구는 급격히 감소할 것이기 때문이다.

위의 표는 한국의 인구구조 변화의 추이를 극명하게 보여주고 있다. 한국전쟁 이후 태어난 베이비부머 세대(1955~1963년 사이에 출생)는 한국의 인구구조에서 중요한 의미를 지닌다. 이들이 한국 인구집단에서 차지하는 비중이 상당히 크기 때문이다.

1960년대 이후 거대 인구집단인 베이비부머 세대가 순차적으로 유소년인구와 생산연령인구로 진입할 때까지 한국의 고령인구 구성비는 걱정할 만큼 높은 수준이 아니었다. 하지만 베이비부머 세대가 고령인구로 진입하면서부터 한국의 고령화가 빠르게 진행되기 시작했다. 게다가 기대수명이 빠르게 증가한 반면, 합계출산율은 급격히 감소하면서 문제가 본격화되었다.

고령화가 가져올 악순환의 고리

고령화가 사회에 미치는 가장 큰 문제는 경제활동의 위축이다. 2019년 11월, 한국은 사상 처음으로 사망자 수가 출생아 수를 넘어서는 소위 '데드 크로스(Dead Cross)'를 경험했다. 이는 인구절벽 위기가 현실이 되었다는 것을 의미한다.

즉, 가장 활발히 경제활동에 참여하는 생산연령인구가 감소하면 자연히 소비가 위축되고, 이는 기업의 생산을 위축시킨다. 또한 위축된 생산은 고용 감소로 이어지고, 줄어든 고용은 소비를 더욱 위축시켜 그야말로 악순환의 고리가 된다.

이처럼 경제활동이 위축됐을 때 정부나 한국은행이 경기를 인

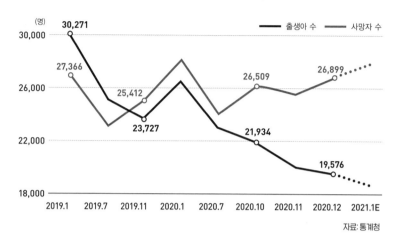

• 한국 월간 인구동향: 출생 및 사망 •

자료: 통계청

위적으로 부양하기 위해 할 수 있는 정책은 무엇일까? 대표적으로 금리를 인하하는 통화정책을 들 수 있다. 실제로 장기화 조짐을 보이는 경기 침체와 코로나19의 충격에 대응하기 위해서 전 세계적으로 금리 인하 정책이 시행되고 있으며, 우리나라도 2020년 5월 기준금리를 연 0.5%까지 인하해 유지하고 있다. 사실상 단군 이래로 우리는 가장 낮은 금리시대를 살아가고 있는 것이다.

문제는 경제가 더 나빠지면 추가적인 대응이 더 어려워진다는 것이다. 이런 상황에서 인구 고령화는 경제 성장에 부정적인 영향을 주어 경제의 구조적인 장기침체를 유발할 수밖에 없다.

또한 경제활동이 전반직으로 위축된다면 급격하게 증가한 고령

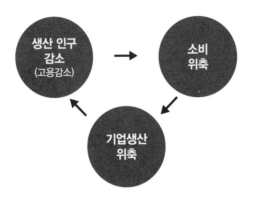

• 고령화가 가져올 악순환의 고리 •

인구의 부양 부담은 더욱 가중될 것이다. 2019년 기준 생산연령
인구 100명당 부양할 고령인구는 20.4명이었지만, 2067년이 되면
102.4명으로 5배나 급증하게 된다. 이러한 상황에서 정부는 복지
정책 확대를 위해 별수 없이 재정지출을 대폭 확대할 수밖에 없
으며, 결국 조세 부담이 가중되어 사회자원의 배분에 대한 사회적
갈등이 유발될 가능성이 높다.

　출산율의 저하와 기대수명의 증가로 100세 시대를 맞이할 우리
에게 고령화는 결코 밝지만은 않은 미래로 다가올 것이다.

연금은 우리의 노후를 책임질 수 있는가?

　이러한 문제를 해결하기 위해 국가에서는 연금제도를 시행하고 있지만, 과연 연금제도가 우리의 노후를 책임질 수 있을까?

　현재 우리나라 근로자의 법정 정년은 60세지만, 공식적인 평균 퇴직 연령은 53세에 불과하다. 한편 실제 퇴직 연령은 평균 71.1세로 17년 이상의 격차를 보이고 있다. 직장에서 퇴직한 후에도 많은 이들이 노동시장을 떠돌며 저임금 일자리에 재취업하여 노동을 지속하고 있다는 뜻이다.

　본격적으로 100세 시대를 맞이하게 될 2030세대는 노후 문제를 더 심각하게 바라봐야 한다. 기대수명이 길어지는 만큼 퇴직 이후 오랜 시간 노후를 보내게 될 이들에게 연금의 중요성은 더욱 커질 수밖에 없는데, 저출산과 고령화로 연금체계는 갈수록 더 부실화되고 있다. 실제로 국민연금의 안정성에 위기 진단이 내려졌다. 기획재정부는 '2020~2060년 장기재정전망'을 통해서 국민연금의 연금체계가 위기에 처했다고 발표한 바 있다. 발표에 따르면 인구 감소와 성장률 하락이 지금과 같은 추세로 이어진다면 국민연금은 2041년에 적자로 전환되고, 2056년에는 적립금이 전부 고갈될 것이라고 예상된다. 설사 정부가 문제 해결을 위해 적극적으로 대응하더라도 적자전환 시기는 2043년, 적립금의 고갈은 2057년으로 불과 1~2년 연상될 뿐이라는 것이 기획재정부의 설명이다.

이런 부실화는 단지 국민연금의 문제만이 아니다. 기획재정부는 사학연금, 건강보험 등 다른 사회보험의 경우도 저부담, 고급여 체계로 인해서 머지않아 적자가 발생하고 기금이 고갈될 것이라고 설명했다. 즉, 저출산·고령화로 인해 사회보험의 지속가능성이 없다는 것이다. 사회보험 기금고갈을 방지하기 위해 국민부담을 올려서 해결하는 경우 2060년 국민부담률은 현재 28.4%에서 39.8%로 11.4%p나 상승할 것으로 전망된다.

그럼에도 불구하고 65세 이상 고령자의 31.1%는 국민연금을 통해서 노후준비를 하고 있을 뿐이다. 기타 공적연금, 사적연금은 13%, 8.1%에 불과하다(2019년 기준).

국민연금공단에서 2020년 12월 발표한 자료에 따르면 중고령자가 노후에 기본적인 생활을 할 수 있는 월 최소 생활비는 2019년 기준으로 개인 117만 원, 부부 195만 원이다. 또한 어느 정도 취미를 즐기고 문화생활을 영위할 수 있는 적정노후생활비는 개인 165만 원, 부부 268만 원이었다. 이는 2017년과 비교했을 때 개인 5.0~6.0%, 부부 8.0~8.6% 증가한 수치로 연금의 필요성이 갈수록 증가하고 있음을 말해준다.

그러나 국민연금 가입 기간이 20년 이상인 수급자의 월평균 연금액이 92만 원임을 고려한다면, 국민연금이 개인의 노후를 충분히 보장하지 못하고 있는 것은 확실하다.

문제는 청년들의 사회 진입 시기가 점차 늦어지고 있는 데 반

(단위: 만 원)

연도	최소노후생활비		적정노후생활비	
	부부기준	개인기준	부부기준	개인기준
2005년	103.7	67.4	150.5	98.1
2007년	112.3	71.9	163.8	105.0
2009년	123.2	77.4	177.1	113.5
2011년	132.6	78.3	187.3	111.4
2013년	159.4	98.6	224.1	141.7
2015년	174.2	104.1	236.9	145.3
2017년	176.0	108.1	243.4	153.7
2019년	194.7	116.6	267.8	164.5

자료: 국민연금공단
주: 각 조사차수별 명목값을 제시함.

해, 직장에서의 퇴직 시기는 앞당겨지고 있는 현실에서 국민연금 가입 기간은 더 줄어들지 모르는 것이 현실이다. 이들의 노후는 어떻게 해야 할까?

그런가 하면 국민연금에 가입조차 못한 비정규직 근로자*, 자영업자, 비취업자들의 노후는 어찌해야 할까? 고령화가 더욱 진전되면서 연금 수령자는 많아지고, 연금 가입자는 줄어들고 있는데,

---

* 2020년 8월 통계청의 경제활동인구조사를 살펴보면, 2020년 8월 기준 한국 임금근로자의 36.3%가 비정규직이다. 그리고 비정규직의 37.8%만이 국민연금에 가입한 상태이며, 건강보험과 고용보험 가입률도 50%를 넘기지 못하고 있다(건강보험 49%, 고용보험 46.1%). 또한 2020년 8월 기준 정규직 노동자의 91.9%가 퇴직급여를 수혜하는 것과 달리 비정규직 노동자의 퇴직급여 수혜율은 40.4%에 불과하다. 이는 비정규직 노동자의 경우 퇴직 이후 노후 빈곤 문제에 그대로 노출될 수밖에 없음을 의미한다.

과연 현재의 평균 수급액인 92만 원마저도 꾸준히 유지될 수 있을까?

더욱 걱정되는 부분은 화폐 가치의 하락이다.

20년 전 92만 원으로 살 수 있었던 것들과 지금 92만 원으로 살 수 있는 것들을 비교해보면 쉽게 이해할 수 있다. 지금의 92만 원의 가치와 20년 후 92만 원의 가치는 크게 달라져 있을 것이다. 20년 후에도 92만 원으로 노후를 버틸 수 있을까?

정부의 국민연금제도로는 우리의 노후를 보장받지 못하는 것이 확실하다.

스스로 자산관리를 하는 것이 답이다

한국의 급격한 인구구조 변화와 국가의 부족한 노후준비 시스템이 시사하는 바는 명확하다. 은퇴 후의 삶을 위해서는 국가가 아닌 '나 스스로' 자산관리를 해야 한다.

이제는 열심히 사는 것을 넘어 전략적으로 살아야 한다. 부자가 되는 것을 목표로 삼을 게 아니라, 스스로 노후를 '살아 내는' 전략을 모색해야 한다.

열심히 일해 돈을 모으는 것만으로는 부족하다. 근로소득의 증가 속도가 자산가치의 증가 속도보다 느리기 때문이다. 따라서 주식이나 부동산과 같은 자산을 늘려나가는 데 관심을 기울여야 한다.

그렇다고 무조건 따라 하기 식의 '묻지 마 투자'는 위험천만하다. 경제가 앞으로 어떻게 전개될지, 산업 환경은 어떻게 구조적으로 변화할지를 충분히 공부하고 이해한 뒤에 나의 성향에 맞는 방법으로 투자해야 한다. 미래에 대한 방향성을 스스로 그릴 수 있어야 한다는 뜻이다.

근로소득만으로
돈을 벌기 어려운 이유

대한민국 경제는 저성장의 늪에 빠져 있다. 열정 넘치던 청년들의 어깨가 처져 있다. 헝그리 정신도 기업가 정신도 온데간데없이 사라지고 있다. 안주하려 할 뿐 도전하려 하지 않는다. 이처럼 성장 동력이 사라지고 있는 경제는 안정적인 일자리를 창출할 여력도 상실하고 만다. 근로소득에 의존하던 삶의 방식에 있어서도 변화가 필요한 시점이다.

한국의 잠재성장률은 지속 하락하면서 본격적인 저성장 국면으로 접어들 것으로 전망되고 있다. 2016~2020년 기준 연평균 잠재성장률은 2.8%로 추정되는데, 이는 2001~2005년 기준 연평균 잠재성장률(5.2%)보다 상당히 감소한 수치이다.

문제는 이러한 현상이 장기적으로 지속될 전망이라는 점이다.

한국의 잠재성장률은 2050년 1%까지 떨어져 주요 선진국인 독일, 미국, 그리고 일본보다도 낮아질 것으로 전망된다.

원인은 잠재성장률을 구성하는 각 부문, 즉 노동투입, 자본투입, 그리고 총요소생산성이 총체적으로 한계에 봉착했기 때문이다.

첫째, 노동투입이 경제 성장에 이바지하는 부분이 감소하고 있다. 저출산·고령화의 영향으로 생산연령인구가 전체 인구에서 차지하는 비중이 줄어들고 있다.

한국의 생산연령인구는 2017년 처음 감소세로 전환되었다. 이러한 여파로 2040년 한국의 노동인구는 2018년과 비교하여 17%나 줄어들 것으로 전망되는데, 노동력이 줄어들면 인건비가 상승하고 노동생산성은 떨어질 수밖에 없다. 실제로 2010~2018년 한국의 노동생산성은 연평균 2.67% 증가했는데, 이는 2001~2008년 노동생산성의 연평균 증가율인 4.6%의 절반 수준에 불과하다.

이처럼 가장 적극적으로 경제활동에 참여하는 생산연령인구의 감소는 지속해서 우리나라 경제 성장에 부정적인 영향을 줄 것이다. 실제로 기술 혁신을 통해서 노동생산성을 높인 독일, 폴란드 등의 몇 개국을 제외한 대부분의 국가는 생산연령인구 감소 시점을 전후해 경제성장률이 급격히 감소되었다.

또한 노동인구의 감소는 정부의 재정부담을 가중하기 때문에 경제 성장을 촉진하기 위한 정부의 재정확대 혹은 경기부양 정책

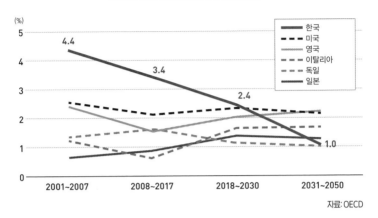

• OECD 주요국 잠재성장률 추이 및 전망 •

자료: OECD

의 여력이 축소될 가능성이 높다.

둘째, 자본투입이 위축되면서 잠재성장률이 떨어지고 있다.

전 세계가 본격적으로 디지털 경제로 전환(Digital Transformation)
되면서 고부가가치의 신성장 산업들이 등장하고 있지만, 한국경제
는 다양한 이유로 신산업으로의 전환이 더디게 진행되고 있다.

경제의 불확실성이 고조되면서 개인들의 경우 창업 열기가 위
축되고 있으며, 기업 역시 새로운 성장 동력을 얻지 못하고 있다.
정부가 제시한 중장기적인 로드맵을 신뢰하지 못해 투자에 미온
적인 경향을 보이는 것이다. 정부의 다양한 발목 잡기 식 규제로
인해서 신산업에 투자를 진작시키기 어려워진 기업들은 유연한
규제 환경과 연구개발(R&D) 교류의 장을 제공해주는 해외로 눈

길을 돌리고 있다. 기업의 해외직접투자(Foreign Direct Investment, FDI)가 꾸준히 증가하고 있는 것이 이를 잘 보여준다.

이처럼 국내로의 자본투입이 위축되면, 단기적으로 투자의 선순환 구조를 깨트리고 장기적으로는 한국 경제의 잠재성장률을 악화시킬 수밖에 없다.

이렇게 잠재성장률이 악화되면 충분한 일자리가 만들어지지 못하고 결국 고용의 축소로 이어지게 된다. 가령, 국내 제조업 기업의 해외직접투자액은 2000년 16억 4,000만 달러에서 2019년 188억 달러로 증가하며 기업이 적극적으로 해외직접투자에 나서고 있는 현실을 잘 보여주고 있는데, 이 기간에 국내 전 산업의 고용 유발 효과는 빠르게 감소하였다.

셋째, 총요소생산성이 둔화되고 있기 때문이다.

기술혁신, 경영혁신, 연구개발 등과 같은 총요소생산성을 구성하는 요소들이 한국 경제 성장에 기여하는 정도 역시 약화되고 있다. 노동과 자본의 투입이 정체된 가운데, 기술 및 경영 혁신마저 충분히 이루어지지 못하고 있다는 점은 매우 안타까운 점이다.

이에 정부는 기업들이 새로운 기술에 대한 투자를 확대하고 고부가가치 신산업에 적극적으로 진입할 수 있도록 시장 규제를 완화하기 위해 노력하고 있지만, 기업들이 체감하는 규제의 문턱은 여전히 높아 신산업 투자를 진행하는 데 걸림돌이 되고 있는 것이다.

2001~2005년 중 총요소생산성의 잠재성장률 기여도는 2.2%였지만, 2016~2020년에는 해당 기여도가 0.9%로 급감했다. '무에서 유'를 만드는 수준으로 빠른 성장을 지속하던 것이 2000년대 이후 급격히 둔화되고 있는 것이다.

결과적으로, 노동투입, 자본투입, 총요소생산성이 둔화하며 한국 경제가 구조적으로 저성장의 늪에서 벗어나지 못하는 상황에 놓였다.

경제적 자유는 자산관리를 통해서만 가능하다

잠재성장률의 지속적인 하락과 저성장으로 활력을 잃어가는 한국 경제는 우리에게 어떤 영향을 미칠까?

이미 언급한 것처럼 가장 직접적인 영향은 '일자리의 감소'라고 할 수 있다. 우리 경제가 가용 가능한 모든 자원을 활용하여 예상된 잠재성장률을 달성해도 이는 '고용 없는 성장'일 가능성이 크다. 전 산업의 취업 유발 효과가 이미 상당히 낮아졌기 때문이다.

실제로 재화 10억 원을 생산할 때 투입된 취업자 수를 뜻하는 취업계수가 2000년 13.7명에서 2015년 6.2명으로 급격히 감소했다. 또한 직접적인 고용 효과를 보여주는 취업계수를 보완해 재화 10억 원을 생산할 경우 경제 전체적으로 늘어나는 취업자 수인 취업계

수 역시 2000년 25.7명에서 2015년 11.8명으로 지속해서 하락하고 있다.

가장 비관적인 시나리오는 이미 급격하게 하락한 잠재성장률 추정치조차 달성하지 못해, 자산을 모으지 않고 근로소득이 주소득원인 사람들이 더 큰 피해를 보는 것이다.

일자리가 감소하면 아무래도 고액자산가보다는 근로소득이 주된 소득원인 사람이 직격탄을 맞을 가능성이 크다. 심지어 안정적인 일자리를 확보한 근로자라 할지라도 자산가치가 상승하고 돈의 가치가 하락하는 경제에서 근로소득에만 의존하는 방법은 삶을 더욱더 팍팍하게 만들 것으로 보인다.

결국, 일자리와 근로소득이 동반 감소하는 저성장 시대에는, 이전과 똑같은 방식으로 살아가면 안 된다. 경제적 자유는 노동을 통해서가 아니라 자산관리를 통해 쟁취하는 것이다.

당장 투자하지 않는다면
돈을 잃고 있는 것이다

경제 상황의 변화는 나의 삶과 직접적인 관계가 있다. 그 대표적인 사례가 금리다. 한국은행 금융통화위원회가 기준금리를 결정하면 뉴스 매체 보도를 시작으로 세상이 시끌시끌해진다. 한국의 기준금리는 물론이고 미국과 유로존 등 먼 나라의 기준금리 결정에도 그 배경과 영향에 대해 귀를 쫑긋 기울이는 이유는 무엇일까? 금리는 국가는 물론이고 개인의 일상에도 상당한 영향을 미치기 때문이다.

금리는 간단히 말해 '돈의 가치'를 뜻한다. 금리가 떨어진다는 것은 돈의 가치가 하락한다는 의미이고, 반대로 금리가 올라간다는 것은 돈의 가치가 상승한다는 의미이다. 따라서 금리가 변화하면, 우리가 보유하고 있는 자산의 가치와 실질소득도 변화하게 된다.

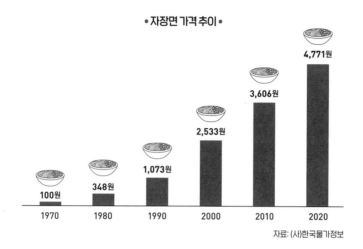

•자장면 가격 추이•

100원	348원	1,073원	2,533원	3,606원	4,771원
1970	1980	1990	2000	2010	2020

자료: (사)한국물가정보

　우선 돈의 가치가 하락한다는 것은 물건의 가격이 상승한다는 의미이다. 한국의 전반적인 물가 수준을 파악할 때는 주로 자장면 가격의 추이를 살펴본다. 필자가 기억하는 40년 전 자장면 한 그릇의 가격은 500원이다. 40년이 지난 현재 자장면 한 그릇의 가격은 대략 5,000원 정도이다.

　그렇다면 자장면의 가치가 10배 올라간 것일까? 자장면의 가치는 변함이 없다. 오히려 치킨, 피자, 햄버거 등과 같은 맛있는 대체 음식들이 많아져서 자장면의 가치는 상대적으로 하락했다고도 볼 수 있다.

　자장면의 가치가 상승한 것이 아니라, 돈의 가치가 하락한 것이다. 500원을 자장면으로 교환할 수 있었던 옛날과 달리, 현재는

500원을 자장면으로 바꿀 수 없다.

2020년 이후 주식이나 부동산과 같은 자산의 가격이 급등하고 있는 것 역시 자산 본연의 가치가 상승한 것도 있겠지만, 가장 큰 이유는 돈의 가치가 추락했기 때문이다. 코로나19의 경제 충격에 대응하기 위한 세계 각국이 적극적인 통화정책을 펼쳐 돈의 가치를 하락시켰고, 그로 인해 자산 가격의 상승을 유발한 것이다.

초저금리 시대, 돈을 쥐고 있으면 손해 보는 이유

침체된 경제를 부양하기 위해 정부는 여러 정책을 사용할 수 있는데, 가장 대표적인 것이 통화정책이다. 그리고 통화정책의 가장 대표적인 사례는 기준금리를 인하해 기업들의 투자를 늘리는 것이다. 기준금리를 인하하면 돈의 가치가 떨어지면서 돈을 빌리는 비용이 줄어들고, 기업들은 더욱 적극적으로 투자에 나설 수 있게 된다. 자연히 늘어난 투자는 고용과 소득을 늘리고 마침내 소비가 늘어난다. 이러한 과정을 통해서 기준금리의 인하는 침체된 경기를 부양하는 것이다.

그런데 기업 혹은 개인이 금리 인하로 계속 가치가 떨어지는 현금을 보유하기만 한다면 경제적으로 상당한 손실을 볼 수밖에 없

• 기준금리 인하로 나타나는 변화 •

다. 반대로 주식, 부동산과 같은 자산의 가치는 계속해서 상승한다. 따라서 경제 주체들은 가치가 떨어지는 돈을 보유하는 대신 자산에 적극적으로 투자할 가능성이 커진다.

앞서 우리나라는 물론 세계적으로 한동안 경제가 침체될 가능성이 크다고 예상한 바 있다. 이를 토대로 생각해보면 부진한 잠재성장률 추정치로 대표되는 '저성장 시대'는 곧 '저금리 시대'를 의미한다.

한국은 물론 세계 각국은 2008년에 있었던 글로벌 금융위기 이후 전반적으로 성장이 둔화하면서 저금리 정책을 펴기 시작했다.

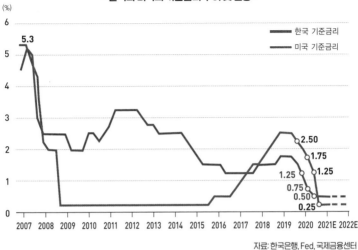

자료: 한국은행, Fed, 국제금융센터

잠재성장률은 앞으로 가용할 수 있는 모든 자원을 활용했을 때 달성할 것으로 기대되는 경제성장률이다. 잠재성장률이 부진하다는 것은 앞으로 경기가 침체될 가능성이 크다는 뜻이다.

현재 우리는 역사상 가장 낮은 금리의 시대를 살고 있다. 2020년 5월 한국은행은 기준금리를 0.75%에서 0.5%로 0.25%p 인하했다. 이러한 한국의 기준금리는 미국의 기준금리 움직임과 궤도를 같이하며 전반적으로 인하하는 추세를 보이고 있다. 다른 국가들과 마찬가지로 한국의 기준금리는 미국의 기준금리에 상당한 영향을 받고 있기 때문이다. 한국 경제의 구조상 대외 개방도가 높고, 주요국과의 금리 격차에 따라 외국 자금의 유출입과 대외채무 등에서 직접적인 영향을 받는 것이다.

때문에 미국의 기준금리가 앞으로 어떻게 변화하는지가 매우 중요한데, 미국은 코로나19의 충격 이후 0.00~0.25%의 기준금리를 유지하고 있다. 그리고 2020년 12월 미국의 연방준비제도(Federal Reserve System, Fed)는 연방공개시장위원회(Federal Open Market Committee, FOMC)에서 최소 2023년까지는 제로금리 시대가 유지될 가능성이 높다고 발표함에 따라 앞으로 한동안 초저금리 시대가 지속될 것임을 예상할 수 있다.

이러한 초저금리 정책에는 급격하게 증가하는 국가부채의 부담을 경감시키기 위한 목적도 있을 것이다. 유례없는 전 세계적인 경제 충격에 각국 정부는 경기 부양을 위해 채무를 늘리는 한편, 중앙은행을 통해 저금리 정책 기조를 유지해 채무 부담을 줄이는 것이 지금까지 주된 정책 방향이었다. 2008년 글로벌 금융위기 이후의 미국이나 1990년부터 잃어버린 20년을 겪은 일본 등이 그러했다.

현재 세계 경제는 코로나19의 경제 충격에서 벗어나 조금씩 회복세를 보이고 있다. 그러나 국제통화기금(IMF)는 코로나19 이전 수준의 경제로 돌아가기 위해서는 적어도 2022~2023년은 되어야 할 것으로 판단하고 있다. 2008년 글로벌 금융위기 때도 미국 경제가 이전 수준으로 회복했다고 판단하는 데는 상당한 시간이 흘러야 했다. 실제로 미국이 소폭이나마 기준금리를 인상한 것은

2015년 12월에 이르러서였다.

따라서 코로나19로 인한 팬데믹 경제 위기를 완전히 극복하기도 전에 기준금리를 인상한다면 더 큰 문제에 봉착할 가능성이 높다. 한국 역시 미국의 제로금리 유지 정책에 발맞추어 초저금리 시대를 장기간 유지할 가능성이 높을 것이다.

초저금리 시대는 언제까지 계속될까?

코로나19라는 특수한 상황을 논외로 하더라도 저금리 기조에는 큰 변화가 없을 것이라는 게 대체적인 전망이다. 선진국들을 중심으로 저출산·고령화가 심화되고 있고, 이에 따라 경제 성장세가 장기적으로 둔화되고 있기 때문에 큰 틀에서의 저금리 정책 기조는 상당 기간 유지될 것으로 보인다.

선진국은 물론 신흥국 정부 부채도 급증하고 있는데, 이 역시 초저금리의 유지를 지속하는 큰 원인이 될 것이다. 선진국, 신흥국 할 것 없이 2020년 국내총생산(GDP) 대비 정부 부채 비율은 평균 100%에 근접했으며, 이는 역사상 가장 높은 수치에 해당한다. 이는 각국 정부가 부채에 대한 의존도를 높이며 경기 부양책을 단행하고 있으며, 국가채무가 늘어나는 구조 속에서 저금리 정책을 유지해 채무 부담을 완화시켜 나가고 있음을 보여주고 있는 것이다.

한국 역시 마찬가지다. 특히 세계에서 가장 빠른 속도로 초고령 사회에 진입할 것으로 예상되는 한국은 성장 속도가 가파르게 둔화되고 있기에 비슷한 길을 걷게 될 가능성이 높다. 즉, 경기 부양을 위한 정부의 지출은 늘어날 것이며, 중앙은행이 저금리정책을 통해 정부의 부담을 경감하려는 정책 기조를 앞으로 꾸준히 지속할 것으로 판단된다. 특히, 코로나19의 경제 충격이 가시지 않는 2022~2023년까지는 경기 부양을 최우선 과제로 추진할 것이기에 재정지출도 지속해서 늘어나고 국가채무가 가중될 것이다.

2021년 정부는 555조 8,000억 원의 국가 예산을 확정했는데, 이는 전년 대비 8.5% 상승한 것으로 역대 최대 규모에 달한다. 이처럼 계속되는 경기 침체로 인해 정부의 확장적 재정정책 기조가 지속된다면 국가채무 비율은 2020년 기준 GDP 대비 43.5%에서 2024년 58.3%까지 상승할 것으로 예상된다.

만약 한국 경제가 성공적인 회복세를 보이면서 인플레이션이 발생한다면 기준금리를 조기에 인상할 수도 있겠지만, 이는 사실상 가정하기 어려운 상황이다. 한국은행은 2021년과 2022년 소비자 물가상승률이 각각 1.0%, 1.5%에 달할 것으로 전망하고 있는데, 이마저도 2%의 목표 물가에 못 미치는 수준이기 때문이다. 일본이 저금리와 대규모 금융완화에도 불구하고 장기간 경기가 침체되면서 초저금리 정책을 계속 유지했던 것처럼 한국도 초저금리 시대가 예상보다 더 길어질 가능성도 있을 것이라 판단되는 이유다.

초저금리 시대, 우리는 무엇을 준비해야 할까?

그렇다면 우리는 '고령화'와 '저성장'으로 인한 초저금리 시대를 어떻게 대응해나가야 할까?

실물경제가 침체되면서 양질의 일자리가 충분히 생겨나지 못하고 있다. 이는 갈수록 평범한 중산층이 은행의 예적금으로 근로소득을 꾸준히 모으는 것만으로는 은퇴 후의 삶을 온전히 준비하기 어려워질 거라는 뜻이기도 하다.

한국은행은 매월 전국 은행의 예금 이자를 종합하고 각 은행이 신규로 취급한 금액의 규모에 따라 조정한 가중평균 예금금리를 발표한다. 가중평균 예금금리를 통해서 우리나라 은행의 평균적인 예금금리 수준을 파악할 수 있는데, 2020년 12월 기준 평균 예금금리는 0.90%에 불과했다. 앞으로도 초저금리 시대가 지속된다면, 이러한 예금금리는 계속될 것이다.

그렇다면 초저금리 시대에 우리는 돈을 어디에 어떻게 모아야 할까? 가장 현명한 방법은 자산에 투자하는 것이다. 앞서 설명했듯이 저금리 시대에는 주식, 부동산과 같은 자산 가격이 상승하기 때문이다.

실제로 초저금리에 자산시장으로 돈이 급격히 몰리는 현상을 우리는 실시간으로 목격하고 있다. 2021년 1월 6일 코스피가 사상 처음으로 3,000선을 돌파한 것이다. 이는 1950년대 한국거래소가

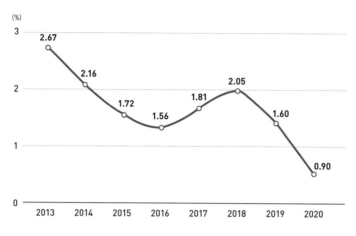

• 예금은행의 신규취급액 기준 가중평균 예금금리 추이 •

주: 각 연도 12월 중 예금은행의 신규취급액 기준 저축성 수신금리를 기준으로 작성함.

문을 연 뒤 가장 높은 수치이다.

2020년 3월 19일 코로나19 여파에 종가 기준 1,457까지 추락하면서 사상 처음으로 코스피, 코스닥시장에서 일시적으로 거래를 중단하는 서킷브레이커와 사이드카가 동시 발동하기도 했었다. 그러나 이후 실물경제가 코로나19 여파에서 회복되지 못했음에도 불구하고 2021년 1월 6일 코스피는 사상 처음으로 3,000선을 돌파했다. 이것이야말로 자산시장으로 얼마나 빠르게 많은 돈이 몰리고 있는지를 잘 보여주는 대목이다.

그러나 무조건적인 투자는 위험하다.

자산시장이 실물경제의 선행지표 역할을 한다는 점을 생각했을 때, 세계적인 실물경제 위축과 동반된 자산시장의 과도한 가치 상승은 반드시 경계해야 한다. 저금리 정책 기조의 영향으로 단기간 고수익을 목적으로 하는 투기가 자산시장 가치 상승에 반영될 가능성이 높기 때문이다.

가령, 일본의 버블경제가 1990년대에 무너지면서 잃어버린 20년을 겪었던 것처럼 실제 가치보다 높게 평가된 자산시장은 상당한 위험성을 내포하고 있을 가능성이 높다. 따라서 지금과 같은 시기에는 다양한 금융상품에 장기간에 걸쳐 자산을 분산투자하는 것이 가장 현명한 방법이라고 할 수 있다.

예측 불가능한 시기,
투자자의 자세

우리가 경제를 전망하는 이유는 무엇일까? 그리고 투자에 있어서 우리가 가장 두려워하는 단어는 무엇일까?

정답은 'Uncertainty(불확실성)'이다. 비슷한 말로는 'Volatility(변동성)'이 있다.

미래가 불확실하다는 것은 무엇이든 예상치에서 벗어나 변동할 여지가 많다는 것을 의미한다. 따라서 국가는 물론이고 기업과 가계 역시 불확실성을 얼마나 잘 관리하느냐가 곧 생존의 문제와 직결된다.

우리는 앞서 빠르게 변화하는 인구구조와 침체되는 실물경제로 인해 더 이상 열심히 일만 해서는 초고령사회에서 살아남을 수 없기에 자산에 투자해야 한다는 것을 다양한 사례와 함께 살펴보았다.

문제는 자산시장이 변동성에 매우 민감하게 반응한다는 것이다. 따라서 자산을 투자할 때 변동성을 관리하는 일은 가장 중요한 요소이다.

우리가 일반적으로 말하는 자산시장에서의 변동성이란 예상하지 못한 자산 가격의 변동으로 발생할 수 있는 자산수익률의 불확실성 정도를 나타낸다. 즉, 변동성이 높으면 시장 정보의 정확성이 떨어져 높은 거래 비용을 지급해야 하기 때문에 결국 수익률이 낮아지게 된다.

이때 변동성을 나타내는 가장 대표적인 지표가 변동성지수(Volatility Index, VIX)다. 일반적으로 변동성지수는 주가지수가 급락할 때 급등하는 경향이 있어 흔히 '공포지수(Fear Index)'라고도 불린다.

주식시장은 불확실성과 변동성 그 자체인 자산시장이다.

주식은 기업의 가치가 실시간으로 반영되는 자산이다. 문제는 오늘날 기업 활동에 영향을 주는 요인이 과거보다 더욱 다양해지고 예측하기 힘들어졌다는 것이다. 특히 기술 발전에 힘입어 글로벌 경제가 하나의 시장권으로 형성되면서 이러한 경향은 더욱 강해지고 있다. 실제로 오늘날의 기업들은 자국 정부는 물론이고 세계 각국의 정책, 산업 규제, 무역협정 등에 상당한 영향을 받는다.

이처럼 예측하기 힘든 국내외의 정치·경제적 요인들이 기업들에 직접적으로 영향을 주는 만큼 주식시장에서의 변동성, 불확실성이 높아질 수밖에 없으며, 그 정도가 과거보다 더욱 심해지고 있다.

글로벌 변동성에 주목해야 한다

국내 주식시장 역시 지속적으로 대외 상황에 민감하게 반응하고 있기에 변동성에 대한 준비는 더욱 중요해지고 있다. 특히 2008년 글로벌 금융위기 이후 각국 금융시장이 더욱 긴밀하게 영향을 주고받게 되면서, 대외무역 중심의 경제구조를 국가 발전 초기 전략으로 채택한 한국은 대외 상황에 더욱 직접적으로 노출될 가능성이 크다.

한편, 국내 주식시장은 1992년 처음으로 외국인에게 개방된 이래로 외국인의 주식 보유 비중이 꾸준히 높은 수준을 유지하고 있다. 시가총액 대비 외국인의 코스피 시장 보유 비중은 2003~2004년에 40%를 초과한 이후 약간의 하락세를 보였지만, 2020년까지도 여전히 높은 수준(31.4%)을 유지하고 있다. 문제는 코스피

시장의 높은 외국인 보유 비중이 대외 경제의 여건 변화에 따른 해외 자금의 유출 가능성이라는 위험을 내포하고 있다는 것이다. 이는 국내 주식시장 변동성에 큰 영향을 줄 수 있다.

실제로 국내 증권시장은 갈수록 변동성이 커지는 모습을 보이고 있다. 코스피200 변동성지수(V-KOSPI)는 코스피 시장의 변동성을 보여주는 대표적인 지표인데, 이 지표가 상승하면 변동성이 커지는 것을 의미한다. 이 지수는 2020년 1월 14일 13을 기록했지만, 이후 변동성이 급등하는 몇 차례의 시기가 있었으며 가장 최근인 2021년 1월 14일에도 30을 기록하며 변동성을 키우고 있다. 2021년 코스피지수가 3,000선을 돌파하는 상승세를 보임에도 이렇게 변동성이 큰 이유는 시장이 이상 과열되면서 단기성 투기자본이 자산의 가치를 과도하게 높였기 때문이다.

이처럼 국내 금융시장이 글로벌 금융위기 이후 대외 환경에 더욱 영향을 받는 모습을 보이는 것은 특히, 한국의 가장 중요한 교역 국가인 중국과 미국이 국내 금융시장에 미치는 영향이 상당하기 때문이다. 전 세계적으로 중국의 경제가 차지하는 비중이 증가하면서 중국의 실물경제와 상하이지수나 홍콩 항셍지수가 국내 금융시장에 미치는 영향은 2012년 이후 지속적으로 증가하고 있다. 또한 중국으로 인해서 상대적으로 약해졌다고는 하지만 미국의 나스닥지수나 S&P500지수는 여전히 국내 주식시장에 영향력을 미치고 있다.

따라서 장기화되고 있는 미국과 중국의 첨예한 갈등에
우리는 주목할 필요가 있다.

미국과 중국의 갈등은 표면적으로 무역전쟁을 표방하고 있지
만, 실제로는 미래 국가 경쟁력에 핵심이 될 인공지능과 같은 첨단
기술을 두고 벌어지는 갈등이라는 평가가 지배적이다. 즉, 미국과
중국의 갈등은 앞으로도 깊어질 가능성이 높다. 이러한 상황은 국
내 금융시장의 변동성이 장기적으로 더욱 커지게 할 것이다.

세계 증권시장에 가장 큰 영향을 미치는 미국 증권시장의 변동
성도 주의깊게 살펴봐야 한다. 시카고 옵션거래소 변동성지수는
2016년 1월 14일 이후 최근까지 코로나19 사태 등 주요 이벤트가
발생할 때마다 급등하는 모습을 보였다. 국내 주식시장이 글로벌
금융위기 이후 대외 환경에 더욱 큰 영향을 받기 시작했다면 미
국 주식시장의 높은 변동성은 국내 주식시장의 불확실성을 높이
는 요인이 될 수 있다.

결국 한국 경제가 글로벌 경제와 동조화되는 경향은 갈수록 높
아질 것이다. 실제로 한국 경제는 2013년 1분기 이후에 글로벌 요
인에 의해 더욱 많은 영향을 받으며 변동성이 커지고 있다. 2013년
1분기 이후 한국의 GDP 변동성의 42.2%가 글로벌 공통요인에 의
해 설명되고 있는 것이다. 이는 1996년 1분기부터 2019년 2분기까
지의 비중인 18% 대비 크게 증폭된 수치다.

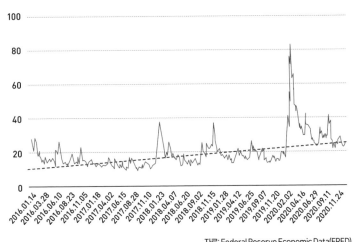

● 시카고 옵션거래소(CBEO) 변동성지수(VIX) ●

자료: Federal Reserve Economic Data(FRED)
주: 변동성 지수는 수치가 클수록 변동성이 크다는 것을 의미한다.

일반적으로 실물경제와 금융시장은 서로 밀접한 연관이 있다. 대표적인 예로 2007년 미국의 서브프라임 모기지 사태를 떠올려 보자. 글로벌 금융위기는 전 세계적으로 큰 규모의 실물경제 충격을 가져오지 않았는가? 이러한 관점에서 실물경제의 변동성이 커진다면 국내 주식시장 또한 이전보다 대외 요인에 많은 영향을 받을 수 있다.

국내 금융시장의 변동성 해법

그렇다면 국내 금융시장은 물론 실물경제가 글로벌 경제와 밀접하게 연결되고 있는 현재, 우리의 투자는 어떻게 이뤄져야 할까?

장기적인 분산투자가 필요하다. 하나의 자산, 하나의 국가에 투자하는 것이 아니라 글로벌 시장에 장기적으로 분산투자해야 한다. 미국을 포함한 선진국은 물론이고 중국, 인도 등 빠르게 성장하는 신흥국에도 관심을 가질 필요가 있다. 다만 불확실한 정보에 기대어 단기간에 고수익을 노리는 투자는 높은 변동성의 희생양이 될 가능성이 높다.

급변하는 인구구조와 장기적인 실물경제 침체가 예상되는 상황에서 위험성이 높은 단기성 투자는 적절한 노후준비 방법이라 할 수 없다. 장기적으로 안정적인 자산에 분산투자를 함으로써 변동성을 관리한다면 지금과는 전혀 다른 모습으로 다가올 사회 변화에도 적절하게 대응할 수 있을 것이다. 더 이상 근로소득만으로는 우리의 노후를 보장할 수 없다. 변동성을 관리하여 노후를 대비한 안정적인 투자를 실행할 때이다.

2장

금융
패러다임의 전환,
당신의 선택은?

물리적인 공간에서 직접 만나 재화를 생산·소비하는 아날로그 시대가 저물고 있다. 비대면과 실시간이 결합한 방식, 공간과 시간의 제약이 사라진 디지털 세상이 우리의 일상을 빠르게 변화시키고 있다.

투자에서도 디지털 대전환이 일어나는 중이다. 은행·증권으로 대표되는 전통적 금융 투자업계조차 2021년 핵심 키워드로 '디지털 전환'을 이야기한다. 정부의 규제도 풀리고 있어 이러한 흐름은 가속화될 전망된다. 이제 터치 한 번으로도 안정적이고 효율적인 투자가 가능해졌다.

이러한 변화 속에서 당신의 투자는 진화하고 있는가? 미래의 승자는 누가 더 자신의 자산을 시스템화하여 효율적으로 관리하느냐에 달렸다.

포스트 코로나,
아날로그에서
디지털로의 변화

지금 학교에 다니는 청소년들이 학교라는 장소를 생각하면 떠오르는 장면은 필자가 생각하는 것과는 사뭇 다를 것이다. 코로나19로 대다수 학교가 원격수업으로 전환하거나 간혹 등교를 한다고 해도 마스크를 쓰고 수업을 하니 쉬는 시간에도 친구들과 맘껏 어울려 놀기 어려워졌다.

선생님들은 온라인 수업을 위해 카메라로 강의를 촬영하고 이를 인터넷에 올리고, 학생들은 채팅창을 열고 선생님과 친구들을 만난다. 온라인 수업을 하며 토론하는 모습이 더 이상 낯설지 않게 된 것이다. 모니터 화면 속의 풍경이 '학교'라는 일상이 된 것이다.

코로나19로 인해 급격하게 도입된 방식이다 보니 선생님, 학생, 학부모 모두 처음에는 낯설었지만 어느새 새로운 교육의 미래로 받아들이고 있다. 코로나19가 사라진 뒤에도 교육은 남겠지만 교실은 사라질지도 모른다.

> 언택트가 'abnormal(비정상적인)'이 아니라,
> 'new normal(새로운 표준)'이 되었다.

코로나19로 대학 교육의 새로운 표준으로 떠오른 사례로 2014년 미국 IT 벤처 기업가인 벤 넬슨(Ben Nelson)이 설립한 '미네르바 스쿨(Minerva School)'을 들 수 있다. 미네르바 스쿨의 학생들은 온라인을 통해 다양한 자료를 검색하며 스스로 학습하고 자유롭게 토론한다. 선생님의 일방적인 가르침이 아니라, 인터넷에서 정보를 검색하고 비판적으로 수용하여 적절한 해결책을 찾는 것이 더욱 중요한 역량이라고 생각하기 때문이다. 물리적인 공간에 학생들을 모아놓고 수업할 이유가 없어진 것이다.

사교모임은 어떠한가? 그동안 사람들은 한 공간에 모여 식사하고 얼굴을 마주보며 이야기를 나누는 것이 자연스러운 모임의 모습이었다. 그러나 이제는 수천 명의 사람이 온라인을 통해서 이야기를 나누고, 각자의 공간에서 같이 밥을 먹는다.

1인 미디어의 성장은 이를 가능하게 했다. 트위치(Twitch)의 '스트리머(Streamer)'와 아프리카 TV의 'BJ(Broadcasting Jockey)'는 온라인 방송을 통해 게임을 하고 다양한 콘텐츠를 실시간으로 만들어

낸다. 그리고 수많은 사람들이 실시간으로 접속해 방송을 즐기며 채팅을 통해 소통한다.

이제 더 이상 옷을 차려입고 먼 시내까지 차를 타고 나가 친구를 만날 필요가 없는 세상이 된 것이다. 내 방 침대 위에서 스마트폰 혹은 노트북만 있다면 수많은 친구와 웃고 떠들며 놀 수 있는 세상이 되었다. 어디에서든 스마트폰만 있으면 유명 인사들과 대화할 수 있다는 소식이 돌면서 큰 화제가 된 오디오 기반 SNS '클럽하우스(Club house)'의 등장은 디지털이 우리의 일상생활에 얼마나 깊이 스며들었는지 알 수 있게 한다.

이 모든 것이 미래가 아닌 오늘을 살아가는 우리의 이야기이다. 물리적인 공간에서 직접 만나 무언가를 생산하고 소비하는 시대가 사라지고 있다. 비대면과 실시간이 결합한 방식, 공간과 시간의 제약이 사라진 세상이 우리의 일상에 깊이 파고들고 있는 것이다.

이처럼 과거와는 전혀 다른 방식으로 우리의 일상은 변화하고 있으며, 앞으로도 아날로그에서 디지털 환경으로의 전환은 더 빨라질 전망이다.

디지털 환경이 바꿔버린 기업 생태계

정부도 디지털 전환을 최우선 국정 과제로 꼽았다. 문재인 대통령은 2020년 7월 '한국판 뉴딜' 국민보고대회에서 정부가 추진 중인 미래 성장전략을 소개하며 "한국이 보유한 정보통신기술(ICT) 경쟁력을 전 산업에 결합한다면 선도형 경제로 도약이 가능하다"라고 말했다. 스마트폰, 컴퓨터뿐만 아니라 전통적인 산업인 농업과 건설업, 제조업 등에도 디지털을 결합할 수 있어야 세계무대에서 경쟁력이 있다는 것이다. 일상의 모든 것이 아날로그에서 디지털로 전환되는 '디지털 트랜스포메이션(Digital Transformation)'의 시대에 정책적 지원을 집중하고자 하는 것이다.

그렇다면 디지털 트랜스포메이션의 시대에 기업들은 어떻게 변화하고 있을까?

디지털 전환에 성공한 대표적 기업인 넷플릭스(Netflix)를 살펴보자. 지금은 연간 수조 원의 수익을 창출하는 세계 최대 온라인 스트리밍 서비스 기업으로 성장했지만 1997년 설립 당시, 넷플릭스는 우편으로 DVD를 대여해주는 회사였다. 당시 미국에서 비디오, DVD 사업을 독점한 기업은 '블록버스터(Blockbuster)'였다. 사람들은 보고 싶은 영화가 있으면 블록버스터 매장을 찾아갔고, 사업은 성공적이었다. 그러나 2000년대 들어 인터넷 스트리밍 서비스가 등장하면서 블록버스터의 수익성은 급격히 악화되었다.

이유는 간단했다. 매번 DVD를 빌리기 위해서 대여점을 찾는 것이 번거로웠기 때문이다. 설사 매장을 방문해도 DVD 수량은 한정되어 있어 원하는 영화를 대여하지 못하는 경우도 있었다. 알게 모르게 쌓이는 연체료에 대한 소비자의 불만도 있었다. 새로운 변화가 필요한 때였다.

하지만 인터넷의 발달로 콘텐츠를 소비하는 방식이 급변하고 있음에도 블록버스터는 대여점을 방문해 DVD를 빌리던 과거의 방식만을 고집했다. 배부른 사자가 된 것이다.

반면 넷플릭스는 콘텐츠 시장의 변화를 감지하고 DVD 대여 서비스에서 2007년 온라인 스트리밍 서비스로 사업을 전환했다. 월 이용료만 지불하면 전 세계 수천 편의 영화와 드라마를 집에서 편안하게 즐길 수 있는 OTT(over the top) 서비스로 과감히 사업 방식을 바꾼 것이다. 급기야는 2013년 〈하우스 오브 카드〉를 시작으로 드라마 제작까지 나서며, 혁신을 거듭한 넷플릭스는 이제 세계 콘텐츠 시장을 장악하며 우리 일상에 깊이 파고들고 있다.

> 블록버스터는 '디지털 트랜스포메이션'을 외면했고,
> 넷플릭스는 '디지털 트랜스포메이션'에 합류했다.
> 그 결과 블록버스터는 망했고,
> 넷플릭스는 세계적인 기업이 되었다.

물론 아날로그 감성이 좋을 수도 있다. 실제로 아날로그적 삶에서 편안함을 느끼는 이들도 많다. 내비게이션 없이 지도책을 펼쳐 목적지를 찾아 운전하는 즐거움도 분명 있다. 온라인 주문 대신 직접 마트에 가서 장을 보는 재미도 있다. 개인의 영역에서는 각자의 선택일 뿐이다. 그러나 디지털 시대가 기업의 생태계를 변화시켰듯 금융에 있어서는 완전히 이야기가 달라진다.

효율성에 주목한
디지털 금융 트렌드

밀레니얼 세대와 Z세대는 어떻게 구분이 될까? 1980년대 초부터 2000년대 초 사이에 태어나 인터넷과 모바일 기기를 이용한 소통에 익숙한 세대를 '밀레니얼 세대', 1990년대 중반에서 2000년대 초반에 걸쳐 태어나 어릴 때부터 디지털 환경에서 자란 세대를 'Z세대'라고 부른다. 이처럼 세대를 구분 짓는 이유는 태어난 시기에 따라 세대가 향유하는 삶의 모습에 눈에 띄는 차이점이 존재하기 때문이다.

예를 들어 밀레니얼 세대와 그 이전 세대를 쉽게 구분 짓는 쉬운 방법이 있다고 한다. X세대나 베이비붐 세대는 음식 가격의 총액을 인원수로 나누고 각자 결제한다. 소위 'N분의 1' 방식이다. 물론 서로 결제하겠다면서 계산대 앞에서 실랑이 벌이거나 현금이 필요할 경우를 대비해 번거롭게 은행을 방문하는 모습은 그들을 설명하는 장면 중 하나이다.

한편, 밀레니얼 세대는 스마트폰으로 더치페이를 한다. 한 사람이 간편결제시스템으로 결제하면, 다른 사람들은 카카오페이와 토스를 이용해 돈을 송금한다. 카카오톡 더치페이 기능을 사용하면 영수증과 사진을 첨부할 수 있으며, 인원수에 맞게 자동으로 결제 가격을 정산할 수도 있다. 이 모든 과정이 30초면 충분하다. 금융에서의 디지털 트랜스포메이션이 우리의 삶을 더욱 효율적으로 변화시키고 있는 것이다.

지난 한 달 동안 은행에 몇 번이나 방문했는지 떠올려보자. 많

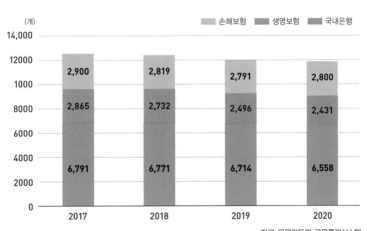

• 주요 금융사 영업점포 현황 •

(개) · 손해보험 · 생명보험 · 국내은행

	2017	2018	2019	2020
손해보험	2,900	2,819	2,791	2,800
생명보험	2,865	2,732	2,496	2,431
국내은행	6,791	6,771	6,714	6,558

자료: 금융감독원, 금융통계시스템
주: 2020년은 3분기 기준

1부 앞으로 10년, 당신의 돈은 어디를 향하는가

은 이들이 최근 은행에 직접 방문한 기억이 거의 없을 것이다. 인터넷뱅킹이라는 편리하고 효율적인 시스템 덕분이다. 바쁜 시간을 쪼개 은행에 가서 창구 직원을 직접 만나거나 ATM으로 업무를 보던 모습은 이제 과거의 일이 되고 있다. 이에 금융사들은 영업점포와 지점을 줄이고 있다. 은행뿐만 아니라 생명보험이나 손해보험 영업점들도 뚜렷하게 감소하는 추세이다.

2020년(6월 말 기준) 입출금 거래의 업무 처리 비중에서 대면거래가 차지하는 비중은 7.4%에 불과하다. 이는 2007년(12월 말 기준) 20.4%와 비교하면 상당히 감소한 수준이다. 반면, 인터넷뱅킹을 통한 입출금 거래는 2020년 64.3%로 전체 입출금 거래에

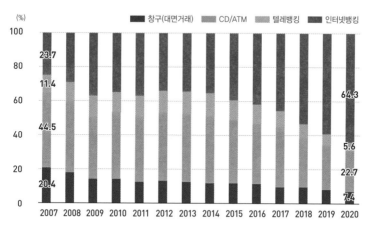

•입출금 및 자금 이체 거래의 전달 채널별 업무 처리 비중•

자료: 한국은행
주: 2020년은 2분기 기준

서 절대적인 비중을 차지한다. 이는 2007년 인터넷뱅킹의 비중이 23.7%였다는 점에서 볼 때 은행 서비스가 아날로그에서 디지털로 빠르게 전환되고 있음을 보여준다.

입출금 거래뿐만이 아니다. 지금 당장 은행에 찾아가서 5,000만 원을 대출받는다고 가정해보자. 우선, 회사에서 재직증명서와 원천징수영수증을 발급받는 시간이 소요된다. 은행까지 가는 데는 또 얼마나 걸리는가? 회사에서 가장 가까운 은행을 가더라도 최소 몇 분은 걸릴 것이다. 그러면 끝일까? 번호표 뽑고 기다리는 데도 몇 분이고, 은행원과 상담하고 서류 처리하는 데만도 꽤 오랜 시간이 걸린다. 마지막으로 5,000만 원 신용대출이 승인되는 데에도 또 하루가 걸린다.

그러나 인터넷 전문은행을 통해 5,000만 원 대출을 받는다면 어떨까? 5분이면 된다. 인터넷 전문은행들은 빅데이터를 실시간으로 분석해 이용자의 채무상환능력과 채무상환태도 및 신용도 등을 판단해 맞춤화된 대출서비스를 제공한다. 심지어 은행보다 낮은 금리로 대출을 받을 수도 있다. 빅테크 기업들이 금융산업에 들어와 금융산업을 흔들어놓고 있는 것이다.

디지털 전환이 금융산업의 패러다임을 바꾼다

디지털 기술의 발전은 인터넷뱅킹과 같은 비교적 단순한 은행 업무를 넘어서 금융산업의 전반적인 패러다임을 변화시키고 있다. 즉, 디지털 기술의 발전으로 촉발된 4차 산업혁명이 다양한 산업들과 기술을 결합해 기존에는 볼 수 없었던 새로운 형태의 금융상품과 서비스, 비즈니스 모델을 만들어내고 있는 것이다. 그리고 이러한 변화는 과거 금융서비스를 이용하느라 소요되던 시간과 비용을 획기적으로 줄여주고 있다.

금융산업의 경계가 허물어지고 탈경계화되면서 새로운 사업 형태들이 생겨나기 시작했다. 대표적인 예가 핀테크(FinTech) 기업의 등장과 빅테크(BigTech) 기업의 금융산업 진출이다. 과거 은행, 증권사 등 전통 금융업에만 허용했던 금융서비스가 네이버, 카카오 등 IT기술을 기반으로 성장한 빅테크 기업의 중요한 비즈니스 모델이 된 것이다.

또한 디지털 플랫폼을 활용해 시장 지배력을 보유한 빅테크 기업뿐만 아니라 디지털 기술과 금융서비스를 결합한 토스, 뱅크샐러드, 페이코와 같은 핀테크 기업들도 금융산업에 소용돌이를 불러일으키고 있다.

그런가 하면 금융 투자업계의 변화도 발 빠르게 진행 중이다. 실제로 은행권은 물론이고 증권사와 같은 전통적인 금융 투자업계의 2021년의 핵심 키워드로 하나 같이 '디지털 전환'을 꼽는다. 최근 정부의 규제가 여러 방면에서 풀리고 있어 이러한 흐름은 앞으로 더욱 가속화될 것으로 전망된다.

2018년 8월 데이터 경제로의 전환을 선언한 정부는 제도적 기반을 마련하기 위한 다양한 노력을 진행하고 있다. 2020년 8월 데이터산업 활성화를 위해 개인정보 등을 여러 사업에 활용할 수 있도록 규제를 완화하는 데이터3법(개인정보 보호법, 신용정보법, 정보통신망법) 시행을 비롯해, 2021년 '마이데이터(본인신용정보관리업)' 서비스가 본격적으로 시작되면서 은행권, 빅테크, 핀테크 기업 간의 경쟁이 심화될 것으로 예상된다. 즉, 디지털 전환의 중요성이 높아진 것이다.

마이데이터 서비스는 정보 주체인 개인의 동의에 따라 사업체가 보유한 데이터를 제3자에게 개방하는 것을 의미한다. 개인이 '정보 이동권(Right to Data Portability)'을 갖고 데이터 개방을 요청하면, 기업이 보유한 데이터를 제3자에게 개방할 수 있도록 하는 것이다. 마이데이터 산업이 활성화되면 소비자는 금융회사 등에 흩어져 있던 자신의 다양한 정보를 한눈에 파악하고, 쉽게 관리할 수 있게 된다. 은행, 보험회사, 카드회사 각각에 접근할 필요 없이 내 손 안에서 한 번에 관리할 수 있는 포켓 금융(Pocket Finance) 환경이 조성되는 것이다.

이처럼 마이데이터에 대한 법적 기반이 조성되고 본격적으로 서비스가 시작되면, 각종 데이터가 개방되고 통합적으로 운영되어 빅데이터의 활용가치가 높아질 가능성이 크다. 이렇게 모인 빅데이터를 바탕으로 인공지능 기술을 활용해 소비자에게 맞춤형 서비스를 제공할 수 있는 시대가 다가온 것이다.

효율적인 금융서비스의 시대

인터넷 전문은행의 등장은 금융산업 변화의 서막을 알렸다. 스마트폰과 인터넷에 익숙한 젊은 세대를 중심으로 더욱 간편하고 효율적인 금융서비스에 대한 수요가 증가하면서 인터넷 전문은행에 대한 필요성이 제기된 것이다. 인터넷 전문은행은 물리적인 점포를 운영하지 않거나 극소수의 영업점을 보유한 상태에서, 은행 고유 업무의 상당 부분을 인터넷 등의 전자매체를 통해 운영하는 은행을 지칭한다.

전통적인 은행들이 은행 창구를 줄이고 인터넷뱅킹을 통한 서비스를 확대하고 있긴 하지만, 이는 인터넷 전문은행과 차이가 있다. 전통적 은행이 제공하는 인터넷뱅킹은 변화하는 금융환경에 대응하기 위한 채널 다각화가 목표라면, 인터넷 전문은행은 은행 업무의 완전한 비대면화 자체에 목적을 둔다. 특히 스마트폰을 이용한 모바일뱅킹이 인터넷 전문은행의 주된 비즈니스 모델이다.

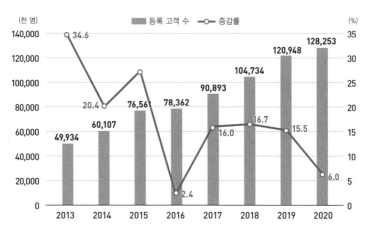

• 모바일뱅킹 서비스 등록 고객 수 추이 및 증감률 •

(천 명)
■ 등록 고객 수 ─○─ 증감률
(%)

- 34.6 (2013)
- 20.4 (2014) / 49,934
- 60,107 (2014)
- 76,561 (2015)
- 78,362 / 2.4 (2016)
- 90,893 / 16.0 (2017)
- 104,734 / 16.7 (2018)
- 120,948 / 15.5 (2019)
- 128,253 / 6.0 (2020)

자료: 한국은행
주 1: 18개 국내은행, 우체국예금 등록고객 기준
주 2: 2020년은 상반기 기준이며, 증감률은 전기 대비 증감률임.

이와 같은 배경 속에서 케이뱅크와 카카오뱅크가 인터넷 전문은행 시대를 열었고, 2021년 7월에는 토스뱅크가 등장할 예정이다.

인터넷 전문은행은 과거 전통은행이 제공하던 적금, 대출, 송금, 결제 등의 금융서비스를 동일하게 제공한다. 다만, 비대면 서비스를 제공하는 만큼 점포 운영이나 인력 관리에서 비용을 줄일 수 있어 경쟁력 있는 서비스 제공이 가능하다. 특히 그동안 은행들이 수행하지 못했던 중금리 시장에 진출해 간편 심사 소액대출, 소상공인 소액대출 등의 서비스를 제공하면서 금융산업의 새로운 강자로 부상했다.

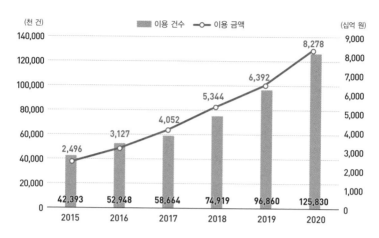

• 모바일뱅킹 서비스 이용 실적 •

(천 건)   ▨ 이용 건수 —○— 이용 금액   (십억 원)

	2015	2016	2017	2018	2019	2020
이용 금액	2,496	3,127	4,052	5,344	6,392	8,278
이용 건수	42,393	52,948	58,664	74,919	96,860	125,830

자료: 한국은행
주 1: 조회·자금이체·대출신청비스를 포함하여 일 평균을 기준으로 작성됨.
주 2: 2020년은 상반기 기준

    대면 은행 서비스에 익숙한 이용자들의 상당수가 인터넷 전문은행으로 이동하고 있지만, 처음부터 인터넷 전문은행에 익숙한 밀레니얼 세대와 Z세대가 거꾸로 대면 은행 서비스로 이동하리라 보기는 어렵다.

    실제로 2017년 인터넷 전문은행이 처음 문을 연 뒤로 모바일뱅킹 등록 고객은 가파르게 늘어 2020년 6월 말 1억 2,825만 건(은행별 중복계좌 포함)에 달한다.

    이처럼 모바일뱅킹을 이용하는 소비자가 늘어나면서 이용 건수와 이용 금액 역시 지속해서 증가하고 있다. 그 결과 2020년 상반기 기준 모바일뱅킹 이용 건수는 약 1억 2,583만 건, 이용 금액은 약 8조 2,780억 원에 달한다.

일상에 스며든
금융 플랫폼의 가능성

　　　　　　　　　금융 플랫폼을 선점하기 위한 기존 금융회사, 빅테크, 핀테크 기업 간의 경쟁은 갈수록 치열해지고 있다. 금융 플랫폼은 다수의 소비자와 공급자가 다양한 금융상품을 거래하며 상호작용할 수 있는 온라인·모바일 기반의 공간을 의미한다.

　앞서 설명했듯이 온라인 은행 업무 중에서도 스마트폰을 활용한 모바일뱅킹이 주된 금융거래 방식으로 자리 잡으면서 그 중요성이 높아지고 있다. 특히 국내 금융 플랫폼 사업은 주요 선진국과 비교해 이제 막 시작하는 단계이기 때문에 시장을 선점하는 것이 무엇보다 중요한 상황이다.

　이에 기존 은행들도 빅테크, 핀테크 기업의 활발한 금융업 진출에 대응하기 위해 움직임에 나서고 있다. 2020년 12월 10일 금융위원회는 '디지털금융 규제 및 제도 개선방안'을 발표하며 변화를 촉진하기 위한 준비에 박차를 가하고 있다. 이에 따라 향후 기존은행과 같은 전통적 금융기업들도 여행, 음식 주문, 부동산 등 비금융서비스를 필요에 따라 자사의 앱을 통해서 제공할 수 있을 것으로 기대하고 있다.

실제로 신한은행은 자사의 앱을 통해 음식을 주문할 수 있는 서비스를 2021년 7월 선보일 예정이고, 하나은행은 빅데이터와 인공지능을 활용해 다양한 부동산 정보를 소비자에게 제공하면서 플랫폼 사업에 박차를 가하고 있다. 카드 사용 내역, 연령, 직업 등 은행이 보유한 다양한 고객 데이터를 바탕으로 소비자가 선호할 만한 음식점 혹은 거주지역을 추천해주는 등의 비즈니스 모델이 등장할 예정이다.

이처럼 한없이 딱딱하고 멀게만 느껴지던 '금융'의 영역이 빠르게 우리의 일상으로 스며들고 있다. 오늘 점심은 무엇을 먹을지, 어떤 지역으로 이사를 해야 삶의 만족감이 높을지 이제는 힘들게 고민할 필요가 없어진 것이다. 고객의 전반적인 금융 생활을 토대로 철저히 맞춰진 금융서비스가 제공되고 있기 때문이다. 따라서 우리에게 필요한 것은 편리한 금융서비스를 기꺼이 받아들일 열린 마음이다.

일대일 커스터마이징으로 바뀌는 금융 플랫폼

앞서 기존 은행들의 경쟁력 강화 노력에 대해 살펴봤다면, 빅테크, 핀테크 기업들은 어떻게 경쟁력을 강화하고 있을까?

빅테크 기업들은 자사 플랫폼으로부터 얻은 막대한 데이터를 활용하는 동시에 간편결제, 보험 등 금융서비스를 대폭 확대하고 있다. 예를 들어 비슷한 연령대의 소비자들이 가입한 보험의 종류, 비용 등을 비교 분석하여 소비자에게 부족한 보험상품을 추천하는 등의 서비스를 만들고 있다. 이렇게 되면 복잡하고 어려운 설명으로 내용을 정확히 이해하지 못한 채 얼떨결에 보험에 가입하거나 비슷한 종류의 보험상품에 중복으로 가입하는 사례가 사라질 것이고, 금융서비스를 이용하는 소비자의 만족도는 높아질 것이다.

또한 빅테크 기업들은 간편결제, 쇼핑 등 자사 플랫폼이 기존에 가지고 있던 인프라의 강점을 활용하고 있다. 카카오는 2017년 카카오페이를 시작으로 카카오페이증권, 카카오뱅크 등 금융업에 적극적으로 진출하고 있다. 그뿐만 아니라 기존 은행이 제공하지 못했던 다양하고 재미있는 서비스를 제공해 소비자를 선점하기 위해 노력하고 있다. 예를 들어 카카오페이로 결제를 하고 남은 금액은 미리 지정한 펀드에 투자할 수도 있으며, 다양한 적금상품을 소개하고 고객이 상품에 가입하면 카카오프렌즈 관련 상품을 제

금융회사 (시중은행 등)	VS.	빅테크	VS.	핀테크
기존 모바일뱅킹 앱 (app)		기존 플랫폼 (포털, SNS 등)		금융서비스 (송금, 보험 등)
➕		➕		➕
다양한 콘텐츠		금융서비스		금융상품 판매 채널
여행, 원데이 클래스, 자동차, 부동산 등		간편결제, 보험 등		여러 금융회사 상품 통합 판매 등

자료: 금융보안원

공하는 등 기존 은행 서비스에서는 볼 수 없었던 신선한 서비스를 제공하는 방식이다. 네이버는 네이버통장과 네이버페이를 연계해 쇼핑·예약 서비스를 이용하면 포인트 형태로 적립금을 제공하기도 한다.

핀테크 기업인 토스와 뱅크샐러드 등은 기존에 제공하던 송금, 보험 등의 금융서비스뿐만 아니라 다른 금융회사의 대출을 포함한 다양한 금융 상품을 비교 관리해주는 플랫폼으로 성장하기 위해 노력하고 있다. 개인의 금융자산을 종합적으로 조회하고 관리해주는 서비스로 시작한 뱅크샐러드는 P2P(Peer to Peer) 금융사인 어니스트 펀드와 손을 잡고 투자 영역을 확대하는 동시에 보험업에 진출하는 등 종합적인 금융 플랫폼으로 성장하고 있다. 한편, 토스는 간편송금을 주된 비즈니스 모델로 출발하여 투자, 보험,

결제 등으로 사업을 확장하고 있다. 예를 들어 '내게 맞는 대출 찾기', 실속형 상품으로 구성된 '미니 보험' 등의 상품을 출시해 뱅크샐러드와 마찬가지로 종합 금융 플랫폼 시장을 선점하기 위한 경쟁에 적극적으로 뛰어들고 있다.

이제는 하나의 금융 플랫폼에서 시간이나 공간의 제약 없이 사용자에게 커스터마이징한 금융 상품과 서비스를 제공 받을 수 있게 될 것이다. 적어도 금융 상품에 있어 우리는 이제 터치 한 번으로 모든 것을 해결할 수 있는 세상에서 살 수 있게 되었다.

잠자는 돈을 깨워
스스로 일하게 하라

이번 장에서는 새롭게 금융산업에 진출한 업체 중에서 자산관리 영역에서 활약하며 시장을 선도하고 있는 금융 플랫폼, 로보어드바이저(Robo-Advisor)에 대해 좀 더 알아보자.

로보어드바이저는 말 그대로 로봇(Robot)과 자산관리사를 의미하는 어드바이저(Advisor)의 합성어로, 빅데이터와 인공지능을 활용한 대표적인 개인 맞춤 금융서비스이다. 로보어드바이저는 금융시장의 대용량 데이터를 빠르게 처리한 후 인공지능 기술을 이용해 시장 국면과 자산 간의 상관관계를 실시간으로 파악한다.

또한 투자자의 위험 성향과 자금의 성격 등을 고려해 고객 맞춤형 포트폴리오를 제시하는 것이 가능하다. 쉽게 말해, 인공지능과 빅데이터 알고리즘을 이용해 투자자산을 배분하고 위험을 관리하는 자동화된 자산관리 도구이다.

그동안 자산관리는 부자들의 전유물이었다. 고액자산가들은 전문적인 금융 지식을 보유한 자산관리 전문가에게 높은 수수료를 지불하고 투자자문을 받아왔다. 그러나 이제 일반 국민들도 '돈이 돈을 벌게 해야 한다'는 진리를 깨우쳤다. 자산관리의 필요성을 인식하게 된 것이다.

하지만 자산관리의 필요성을 깨닫는 것과는 별개로 일반 국민들은 자산관리 서비스의 대상이 되지 못했다. 앞서 말한 것처럼 자산관리 전문가들에게 투자 상담을 받기 위해서는 상당한 자금이 필요했기 때문이다.

그러나 이제 세상은 변했다. 적은 금액으로도 시간과 장소에 상관없이 쉽게 투자자문을 받고 다양한 자산상품에 투자할 수 있는 시대가 왔다. 바로 로보어드바이저가 이러한 세상의 문을 활짝 열어젖히고 있기 때문이다. 디지털 트랜스포메이션으로 인해 월급쟁이 근로소득자들도 복잡한 절차 없이 적은 금액이라도 꾸준히 투자하며 자산관리를 받을 수 있는 시대가 온 것이다. 로보어드바이저로 우리는 잠을 자는 시간에도 열심히 돈을 벌 수 있게 되었다. 그런데도 나만 디지털 트랜스포메이션을 거부하고 있지는 않은가?

로보어드바이저 시장의 가능성

로보어드바이저의 실적은 이미 시장에서 충분히 입증되고 있다. 투자자들이 로보어드바이저의 장점을 인식하기 시작하며 이에 대한 수요가 전 세계적으로 가파르게 증가하고 있는 것이다.

세계 로보어드바이저 시장은 로보어드바이저 탄생지인 미국이 주도하고 있다. 베터먼트(Betterment), 웰스프론트(Wealthfront) 등 기술력을 보유한 순수 로보어드바이저 업체들이 초창기 시장을 형성한 뒤로 2015년부터 뱅가드(Vanguard), 찰스 슈왑(Charles Schwab) 등 기존의 금융 투자회사들이 본격적으로 진입하며 로보

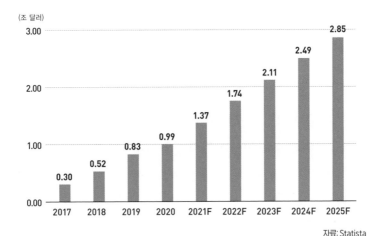

• 세계 로보어드바이저 운영 자산 전망 •

자료: Statista

어드바이 시장이 급성장했다. 그 결과 글로벌 금융위기 이후 저렴한 수수료와 높은 수익률을 기반으로 미국 로보어드바이저의 총 운용자산(AUM) 규모는 2009년 40억 달러에서 2015년 510억 달러로 연평균 53% 수준의 빠른 성장세를 기록하고 있으며, 2025년 세계 로보어드바이저 시장 규모는 2조 8,454억 달러가 될 것으로 예상된다.

앞서 1장에서 필자는 거스를 수 없는 메가트렌드인 고령화·저성장·저금리의 3가지 특성이 향후 한국뿐만 아니라 세계 경제를 특징짓게 될 것으로 전망했다. 이러한 사회 변화 속에서 예적금보다는 장기적인 관점에서 국내외 주식과 채권, 상장지수펀드(Exchange Traded Fund, ETF) 등으로 포트폴리오를 구성하고 자산에 대한 자문과 운용을 제공하는 투자 상품에 소비자들의 관심이 증대되는 것은 당연한 결과다. 즉, 노후 소득에 대한 관심이 커지고 부족한 근로소득을 보완하기 위해서 쉽고 효율적인 자산관리 서비스에 대한 수요가 세계적으로 확대되고 있는 것이다.

1장에서 실물경제와 금융시장의 불확실성이 커지고 있다는 설명도 덧붙인 바 있다. 그런 이유로 어느 때보다 자산관리의 필요성 제기되고 있는데, 그만큼 자산시장에서도 변동성이 커지고 있는 것이다.

실제로 글로벌 시장이 동조화되는 경향이 강해지면서 먼 나라에서 벌어지는 이슈들도 국내 자산시장에 많은 영향을 주고 있다.

이에 따라 금융 전문가들도 투자 시에 고려할 변수들이 기하급수적으로 늘어나고, 투자 여부를 판단하는 것이 신중해질 수밖에 없게 되었다.

이런 상황에서 몸담고 있는 분야에서 전문성을 기르며 받은 임금의 일부를 조금씩 자산시장에 투자하는 일반 투자자에게 높아진 불확실성과 변동성은 큰 부담이 아닐 수 없다. 주식, 채권, 원자재 등 투자를 고려해야 할 자산이 너무나 많고, 경기 흐름에 따라 자산시장의 움직임은 더욱 복잡해지고 있으니 말이다.

이러한 점에서 로보어드바이저는 훌륭한 대안이 될 수 있다. 인공지능 기술이 개인이 일일이 대응하기 어려운 부분까지 기민하게 대응하며, 효율적인 투자를 가능하게 만들기 때문이다.

따라서 투자를 처음으로 시작하는 사람이나 미래를 대비하기 위해 투자를 더욱 확대하고자 하는 사람 모두에게 로보어드바이저는 기회비용이 작음에도 불구하고 최선의 결과를 제공하는 선택지가 되고 있다.

국내 로보어드바이저 시장의 현황

그렇다면 국내 로보어드바이저 시장은 어떨까? 국내에서 처음으로 로보어드바이저 테스트베드(testbed)가 실시된 것은 2016년

(단위: 명)

	2017년	2018년	2019년	2020년
증권사	2,604	6,023	6,928	6,262
자산운용사	32	17	2,036	16,213
투자자문사	143	1,002	4,928	19,762
은행	35,928	50,828	121,404	172,869
합계	38,707	57,870	135,296	215,106

자료: 로보어드바이저 테스트베드 사무국
주: 2020년은 3분기 기준

9월이다.

이후 순수 로보어드바이저 기술회사는 물론이고 다수의 은행, 자산운용사, 투자자문사 등이 로보어드바이저를 도입하면서 지속해서 성장하고 있다. 2017년 12월 기준 3만 8,707명 가량이던 국내 로보어드바이저 서비스 가입자는 2020년 9월 기준 20만 명을 돌파했으며, 시장규모 또한 2025년에는 30조 원에 이를 것으로 전망된다. 그야말로 폭풍 성장 중인 것이다.

이러한 흐름에 정부도 발맞춰 움직이고 있다. 2019년 5월 금융위원회는 '로보어드바이저 활성화를 위한 제도개선'을 발표했다. 온라인 플랫폼과 기술을 기반으로 성장한 빅테크 기업들의 금융투자업 진출 등 금융 패러다임이 새롭게 변화하고 있는 동시에, 소비자의 금융 니즈가 다양해지면서 로보어드바이저를 필두로 하

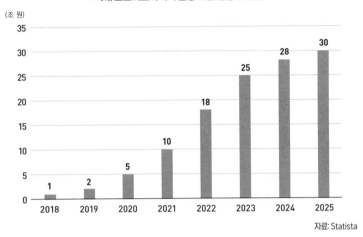

• 국내 로보어드바이저 운영 자산 현황 및 전망 •

(조 원)

자료: Statista

는 디지털 자산관리 경쟁력이 중요하다고 판단한 것이다.

이에 따라 정부도 관련 규제를 풀기 위한 노력을 시작했다. 2019년 들어서부터 로보어드바이저에 대한 규제 환경이 상당히 개선되기 시작한 것이다. 먼저, 테스트베드 참여 대상을 개인까지 확대하여 로보어드바이저 사업자의 시장 신규 진입 가능성을 높였다. 그리고 로보어드바이저 업체가 펀드 재산 운용업무를 증권사 혹은 자산운용사로부터 위탁받아 운용할 수 있게 되었고, 나아가 위탁이 아닌 직접 운용도 허용되었다. 이를 계기로 로보어드바이저 업체와 자산운용사 간의 협업이 확대되고 있으며, 펀드 재산 운용 분야에서 로보어드바이저 활용이 가속화되고 있다.

로보어드바이저의 수익률

그런데 결국 투자에서 가장 중요한 것은 수익률이 아니던가? 그렇다면 로보어드바이저의 수익률은 어느 정도일까?

로보어드바이저 수익률에 대한 이야기를 본격적으로 시작하기 전에 흥미로운 책 한 권을 소개하고자 한다. 1973년에 출간된 미국 프린스턴 대학교 버턴 말킬(Burton Malkiel) 교수의 《랜덤워크 투자수업》이 그것이다. 책에서 말킬 교수는 일반적으로 투자 전문가들, 즉 평범한 인간은 미래의 주식을 예측하기 위해서 다양한 방법을 사용하는데, 그중 대부분은 기술적 분석과 기본적 분석에 의존한다고 설명한다.

> 기술적 분석(technical analysis)은
> 과거 주가와 거래량의 움직임을 연구해서
> 앞으로의 주가 움직임에 대한 단서를 찾는 방법이다.

기술적 분석가들에게 투자는 다른 사람들의 행동을 예측하는 것이기 때문에 주식시장의 90%가 심리에 의해서 결정된다고 주장한다.

> 기본적 분석(fundamental analysis)은

과거의 움직임이 아닌

증권의 내재가치에 집중하는 방법이다.

따라서 기본적 분석가들은 기업의 이익과 배당의 예상 성장률, 향후 위험요인, 이자율 등을 바탕으로 기업의 미래 성장을 예측한다. 즉, 기업의 내재가치를 바탕으로 증권의 가치를 평가하고 이를 시장가격과 비교하는데, 만약 내재가치가 시장가격보다 높으면 증권 역시 향후 오를 것이라 전망하고 매수하는 것이다.

중요한 것은 기술적, 기본적 분석 방법 모두 주식시장의 미래를 예측하려고 한다는 것이다. 이는 바꿔 말하면, 두 방식 모두 인간의 분석력과 통찰력에 대한 믿음이 깔려 있다고 볼 수 있다. 우리 인간이 역사적으로 이룬 수많은 위대한 업적들을 고려하면, '주식시장 역시 충분히 예측할 수 있지 않을까?'라는 생각이 깃들어 있는 것이다.

하지만 말킬 교수는 성공한 기술적 분석가가 있다는 말은 들어본 적이 없으며, 오히려 실패해서 파산한 사람은 여럿 보았다고 책에서 말한다.

또한 일부 투자 전문가들은 기본적 분석이 지속해서 발전 가능하다고 믿지만, 말킬 교수는 이러한 생각을 비웃는 주장을 소개한다. 원숭이들이 신문 경제면에 다트를 던지는 방법으로 선택한 주식에 무작위로 투자하는 것이 투자 전문가들의 포트폴리오보다 높은 수익을 가져갈 수 있다는 다소 황당한 주장을 내놓은 것이다. 정말 원숭이가 투자 전문가보다 투자를 잘할 수 있을까?

실제로 책이 발간된 이후, 말킬 교수의 흥미로운 주장의 사실 유무를 알아보기 위한 다양한 실험이 이루어졌다. 그중에 한 가지 유명한 실험이 2000년 미국의 유명 경제 일간지인 〈월스트리트 저널The Wall Street Journal〉이 주관한 원숭이, 펀드매니저, 일반인의 주식투자 대결이었다.

2000년 7월부터 2001년 5월까지 주식투자를 진행한 결과 승리자는 말킬 교수의 주장처럼 원숭이였다.

이 실험에서 우리가 유심히 보아야 하는 것은 인간이 원숭이에게 패배했다는 사실이 아니다. 원숭이가 인간보다 주식시장을 분

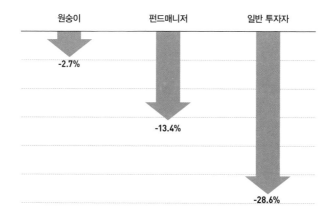

• 원숭이 vs. 펀드매니저 vs. 일반 투자자 수익률 비교 •

원숭이   펀드매니저   일반 투자자

-2.7%

-13.4%

-28.6%

석하는 능력이 뛰어나서 승리한 것이 아니기 때문이다.

우리가 주목해야 할 점은
주식시장의 불확실성 그 자체다.

즉, 인간이 주식시장의 미래를 맞출 수 있다는 것은 불가능하며, 주식시장은 말 그대로 불확실성, 변동성으로 가득한 시장이라는 것이다.

투자 포트폴리오에 운이 차지하는 비중은?

이야기를 조금 더 확장해보자. 주변에서 주식투자로 돈을 벌었다는 이야기를 들으면 어떤 기분이 드는가?

'나도 한번 투자를 해볼까?'

보통은 이런 생각이 들 것이다. 하지만 뒤이어 이런 걱정을 할 가능성도 높다.

'저 사람은 나보다 똑똑하고 정보가 많아서 주식으로 돈을 벌었을 거야.'

과연 그럴까? 주변에 주식으로 큰돈을 번 사람이 있는 것은 우연한 결과일 뿐이라고 주장하는 유명한 경제학 이론이 있다. 그

사람이 아니더라도 이 세상 어느 곳에나 우연히 확률적으로 시장 평균보다 큰돈을 버는 사람은 반드시 있기 마련이라는 것이다. 철저한 분석과 정보에 대한 통찰력을 기반으로 주식시장을 예측했기 때문에 큰돈을 번 것이 아니라 그저 '운'이라는 것이다. '효율적 시장가설(Efficient Market Hypothesis)'은 바로 이러한 점을 주장하는 대표적인 경제학 이론이다.

'효율적 시장 가설'이란 시장의 모든 정보는
가격 형성에 즉각적으로 반영된다는 이론이다.

이는 어느 누구도 다른 사람보다 특별히 더 좋은 정보를 가지고 시장을 미리 예측하는 것은 불가능하다는 뜻이다. 즉, 기술적 분석과 기본적 분석을 통해서 금융 정보를 분석하고 미래 주식의 시장가격을 예측하려고 노력하는 방식이 무작위로 선택한 주식 포트폴리오보다 높은 수익성을 가져올 보장이 없다는 것이다.

효율적 시장가설에 대해서 조금 더 자세히 살펴보면, 효율적 시장가설은 약형(Weak Form), 준강형(Semi-Strong Form), 강형(Strong Form)과 같은 3가지로 나뉜다.

먼저, 약형 효율적 시장가설은 미래 주가는 과거의 주가와 독립적임을 강조한다. 과거의 모든 정보들은 현재의 주가에 완벽하게

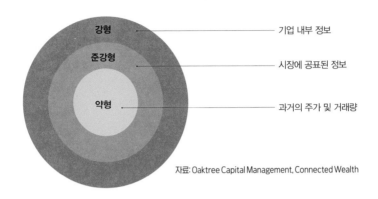

• 효율적 시장 가설의 단계 •

강형 ———————— 기업 내부 정보

준강형 ———————— 시장에 공표된 정보

약형 ———————— 과거의 주가 및 거래량

자료: Oaktree Capital Management, Connected Wealth

반영되어 있기 때문에, 과거 주가와 거래량의 움직임을 연구해서 미래 주가 움직임에 대한 단서를 찾는 기술적 분석은 아무런 의미가 없다는 것이다.

둘째, 준강형 효율적 시장가설은 시장의 가격 정보뿐만 아니라 대중에게 공개된 정보 또한 이미 시장가격에 반영되어 있기 때문에 해당 정보를 이용해서 시장의 평균수익률을 상회하는 성과를 올리는 것은 불가능하다는 논리다.

즉, 과거의 주가 정보뿐만 아니라 실시간으로 발표되는 공개 정보들도 발표 시점에 이미 주가에 모두 반영되기 때문에 미래의 주가를 예측하는 데는 한계가 있다는 것이다. 실제로 주식시장에서 흔히 떠도는 다음과 같은 말을 들어보았을 것이다.

"확실한 정보에도 현혹되지 마라. 내가 아는 정보는 이미 다른 사람들도 알고 있기 때문이다."

이 말 속에 바로 준강형 효율적 시장가설의 논리가 들어가 있는 것이다.

마지막으로 강형 효율적 시장가설은 시장에 공표된 정보는 물론 기업 내부 정보를 소유한 사람조차도 이를 이용하여 시장의 평균을 상회하는 투자 성과를 올릴 수 없다고 주장한다.

현재의 주가는 이용 가능한 공개 정보뿐만 아니라 내부 정보까지도 모두 반영하고 있기 때문에, 내부 정보조차 미래의 주가를 예측하는 데 도움을 줄 수 없다는 것이다.

이는 디지털 경제에서 더욱 큰 의미가 있다. 빅데이터와 인공지능의 발전으로 모든 데이터가 통합적으로 운영되고 실시간으로 분석되기 때문이다. 이렇게 모인 정보는 다양한 경로를 통해서 세상에 공개된다. 시간과 공간의 제약이 사라진 것이다. 현재 우리는 미국에서 실시간으로 발생하고 있는 다양한 소식들도 곧바로 전해 들을 수 있는 세상에서 살고 있다.

이처럼 효율적 시장가설은 1970년대 발표된 이론이지만, 우리가 살아가고 있는 현재의 디지털 세상에 더욱 적합한지도 모르겠다. 우리는 전 세계에서 수집된 수많은 데이터가 넘쳐흐르는 정보의 바닷속에서 살아가고 있기 때문이다.

침팬지와 펀드매니저의 투자 대결

효율적인 시장가설과 관련해 국내에서도 흥미 있는 실험이 진행되었다. 2002년 〈조선일보〉에서 침팬지와 펀드매니저의 투자 대결을 실시한 것이다. 아프리카산 7년생 암컷 침팬지인 '해리'와 동갑내기 친구 '샐리'가 4명의 펀드매니저와 함께 투자 대결을 벌인 것이다. 4명의 펀드매니저는 모두 경력 3년 이상의 전문가였다. 해리와 샐리는 일주일간 무작위로 탁구공을 뽑는 훈련을 진행한 후에 투자 대결에 참여했는데, 방식은 다음과 같았다.

참여자들은 각 1,000만 원의 투자 원금으로 3개의 종목에 3분의 1씩 균일하게 투자하는 방식이었다. 먼저 펀드매니저들은 삼성전자, 현대자동차 등 대표적인 우량주 중심으로 선정해 투자했다. 반면, 침팬지들은 아크릴 통에 들어 있는 250개의 탁구공 중에서 3개의 종목을 무작위로 뽑아 선택했다. 250개의 탁구공에는 코스피200과 코스닥50에 편입된 종목들이 가나다순으로 배정되어 있었다. 침팬지들이 뽑은 투자 종목은 빙그레, 풀무원 등 국내 대표적인 내수 업종들이었다.

수익률을 비교하는 출발 주가는 침팬지들의 탁구공 추첨이 이루어진 2002년 4월 26일의 종가를 기준으로 했다. 이후 〈조선일보〉는 6개월간 주기적으로 투자 대결의 경과를 보도했다. 투자 대결의 경과를 간단하게 살펴보는 것은 국내시장에서도 효율적 시장가설이 어느 정도 작동하는가를 검증하는 계기가 될 것이다.

투자 대결의 첫날인 2002년 4월 29일은 침팬지와 펀드매니저 모두 마이너스 수익률을 기록했는데, 펀드매니저들이 비교적 선방하는 모습을 보였다. 그 후 4주 동안 침팬지와 펀드매니저의 수익률은 서로 엎치락뒤치락하는 모습을 보였다.

그러나 4주차 마지막 날인 5월 24일, 투자 대결 첫 달의 결과가 나왔다. 놀랍게도 침팬지가 승리했다. 침팬지 해리가 누적수익률 6.4%로 1위에 오른 것이다.

이후 남은 5개월 동안에도 비슷한 양상이 반복되었다. 침팬지와 펀드매니저들의 수익률이 서로 역전에 역전을 반복하며 선두 경쟁이 치열하게 전개되었다.

그리고 이 대결이 마무리될 즈음, 대결 방식과 조건에 어느 정도 제약이 있었음에도 불구하고 침팬지와 인간의 잦은 순위 변동은 투자자들에게 많은 것을 시사했다. 이 대결을 지켜본 전문가들은 국내 주식시장에도 시장의 모든 정보가 즉각적으로 주가에 반영된다는 효율적 시장가설이 어느 정도 유효하다는 점을 인간과 침팬지의 투자 대결이 보여줬다고 평가했다.

이와 같이 국내 및 해외에서 진행된 인간과 침팬지의 투자 대결이 우리에게 시사하는 바는 명확하다.

바로 주식시장의 불확실성이다.

인간이 아무리 많은 데이터를 분석하고, 이를 바탕으로 미래 주식을 예측하더라도 평균수익률 이상의 투자 성과를 내는 것은 결코 쉽지 않다. 심지어 투자에 대한 어떠한 개념도 갖고 있지 않은 원숭이조차 이기기 쉽지 않다는 사실은 이러한 점을 더욱 부각시킬 뿐이다.

원숭이는 아무런 생각과 감정 없이(그것의 의미에 대해 아무것도 모르기에!) 투자할 수 있지만, 인간은 그것이 불가능하다. 개인의 판단이 있을 수밖에 없다는 것이다. 즉, 감정과 주관을 가진 인간이기에 이러한 결과가 나온 것일지도 모른다. 아무리 경력이 많은 베테랑 투자 전문가라고 하더라도 눈앞에서 투자한 주식의 시장 가격이 급락한다면 태연하게 지켜보기가 쉽지 않을 것이다.

그리고 바로 이런 이유로 우리는 인간의 감정적 판단을 배제할 수 있는 로보어드바이저의 가능성에 주목할 필요가 있다.

투자 로봇이 펀드매니저보다 나은 이유

로보어드바이저에 대해 일반적으로 가장 궁금해하는 것은 바로 이것이다.

'인공지능 투자 로봇이 전문적인 지식을 갖춘 펀드매니저보다

더 높은 수익률을 제공할 수 있을까?'

앞서 설명했듯이 로보어드바이저의 핵심 기술은 빅데이터와 인공지능이다. 즉, 로보어드바이저는 비이성적인 인간의 감정을 배제하고 철저히 데이터에 기반을 둔 투자를 한다. 우리는 앞서 효율적 시장가설을 이야기하며 인간이 과거의 데이터를 분석해서 미래의 시장 움직임을 예측하는 것은 불가능에 가까울 수 있다고 이야기했다.

그 이유로 전 세계 각국의 실물경제와 금융시장의 동조화(coupling), 즉 경제와 주가가 동떨어져 움직이지 않는 점을 들었다. 한편 수없이 많은 정보가 생산되고 실시간으로 공유되고 있다. 무엇보다 경제 구조가 아날로그에서 디지털 경제로 급속도로 전환되면서 이전에는 상상도 할 수 없었던 무한한 양의 정보가 실시간으로 생성되고 있다. 이런 상황에서 인간이 시장의 모든 정보와 데이터를 실시간으로 수집하고 분석하는 것이 가능한 일일까? 당연히 불가능한 영역일 수밖에 없다.

그렇다면 인공지능은 가능할까? 인간처럼 피로도 감정도 느끼지 않으며 24시간 오롯이 세계에서 생산되는 모든 데이터를 수집할 수 있다면 이야기는 달라지지 않을까? 이런 점에서 로보어드바이저는 인간에 비해 몇 가지 확실한 장점이 있다.

첫째, 인공지능은 알고리즘을 이용해
모든 자산시장의 데이터를 반영하여
자산 간 상관관계와 최적의 투자 비율을 결정할 수 있다.

둘째, 끊임없이 시장을 모니터링할 수 있기 때문에
시장의 변화에 따른 자산 비중을 즉시 재조정할 수 있다.

셋째, 감정에 휘둘리지 않고
오직 데이터에 기반한 의사결정을 할 수 있다.

실제로 인공지능과 인간의 수익률을 비교해보면 그 차이점이 명확해진다. 로보어드바이저와 투자 전문가의 수익률을 비교한 결과, 로보어드바이저가 더 뛰어난 성과를 보인 것이다. 국내 로보어드바이저 10개(2019년 10월 기준, 설정액 10억 원 이상) 사의 연평균 수익률이 8.45%를 기록한 데 비해, 투자 전문가가 직접 운용한 국내 주식형 펀드의 연평균 수익률은 1.93%를 기록했다. 기간을 2018~2019년으로 넓힌 경우에도 로보어드바이저가 2.98%의 연평균 수익률을 올린 반면, 국내 주식형 펀드는 -11.71%의 손실을 기록했다. 이처럼 로보어드바이저가 인간보다 더 좋은 성과를 보인 이유는 명확하다.

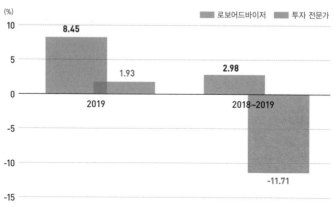

자료: 정보통신기획평가원
주: 2019년은 10월 말 기준

최적의 자산배분과 투자 위험 관리가 가능했기 때문이다.

로보어드바이저는 방대한 데이터를 수집해 자산간 상관관계를 정밀하게 분석하는 것이 가능하기 때문에 효율적인 분산투자와 위험 관리가 가능하다. 이를 통해서 변동성을 줄이고 수익률을 높이는 것이 가능해진 것이다.

여기서 그 중요성이 드러나는 게 바로 '자산배분'이다. 자산배분은 장기 포트폴리오 운용 성과를 결정짓는 요인이기 때문이다. 실제로 자산배분은 최소 75.5%에서 최대 98.6% 정도 운용 성과를 결정짓는 요인이 되는 것으로 나타났다. 이는 평균으로 따지면 93.6%이다. 반면, 마켓 타이밍과 종목 선택이 포트폴리오의 수익

(단위: %)

	평균	최소	최대	오차
자산배분	93.6	75.5	98.6	4.4
자산배분과 마켓타이밍	95.3	78.7	98.7	2.9
자산배분과 종목선택	97.8	80.6	99.8	3.1

자료: GP Brinson et al.
주: 1973~1985년까지 미국 내에서 투자된 기업연금보험의 평균수익률을 바탕으로 작성됨.

률에 미치는 영향은 미미한 것으로 드러났다. 한 국가 혹은 일정 산업에 집중 투자하는 것이 아니라 글로벌 자산에 분산투자하는 것이 중요한 이유가 여기에 있다.

이처럼 로보어드바이저는 효율적으로 자산을 선택하는 것뿐만 아니라 컴퓨팅 파워를 통해 최적화된 성과를 뽑아내는 것이 가능하다. 지속적인 모니터링을 통한 자산 재분배가 가능한 것이다. 흔히 이를 '리밸런싱(rebalancing)'이라고 표현하는데, 리밸런싱을 통해서 시장 변동성에 대한 빠른 대처가 가능한 것이다.

로보어드바이저가 입증한 최적의 자산배분 효과

그렇다면 로보어드바이저는 정말 최적의 자산배분을 통해 변동성을 관리하고 중장기적인 수익률을 보장할 수 있을까? 그 답은 미국의 대표적인 로보어드바이저 회사인 베터먼트가 진행한 시뮬레이션을 통해 알아보자.

우선 로보어드바이저는 알고리즘을 바탕으로 방대한 데이터를 분석해 포트폴리오를 구성하기 때문에 최적의 자산배분 전략을 제공할 가능성이 높다. 반면 인간은 전 세계에서 생산되는 정보를 모두 처리하는 것이 불가능하고 시간적인 제약이 있기 때문에 자산배분에 어느 정도 한계가 있을 수밖에 없다.

따라서 로보어드바이저의 포트폴리오가 사람보다 더 높은 수익률을 기록한다면, 최적의 자산배분 전략이 중장기적인 수익률에 긍정적인 영향을 미칠 수 있음을 우회적으로 증명해준다고 할 수 있을 것이다.

이에 베터먼트는 알고리즘을 바탕으로 구성한 로보어드바이저 포트폴리오와 일반 투자자의 포트폴리오 수익률을 비교하였다. 시뮬레이션 기간은 2004년 1월부터 2013년 12월로 설정했으며, 두 포트폴리오 모두 주식과 채권으로만 구성되었다. 각각의 시나리오에 초기 자본은 10만 달러로 배정하였으며 시뮬레이션은 주식이 포함된 비율에 따라 총 3개의 시나리오로 구성했다. 각각의 시나리오에 주식이 차지하는 비중은 90%, 70%, 50% 순이었다.

여기서 주목할 점은,
로보어드바이저 포트폴리오가 일반 투자자 포트폴리오보다

더욱 다양한 자산에 분산투자가 되었다는 것이다.

로보어드바이저 포트폴리오는 미국은 물론 신흥국의 주식과 채권이 광범위하게 담긴 12개의 ETF로 구성되도록 설계하였다. 미국의 소규모 기업은 물론 신흥국 주식시장에 상장된 기업까지 포트폴리오에 포함한 것이다. 채권 투자의 범위 역시 미국 내에서 발행된 회사채와 지방채뿐만 아니라 신흥국이 발행한 채권 등으로 넓게 설정했다. 즉, 전 세계를 자산배분 전략 범위에 포함했다는 뜻이다.

반면, 일반 투자자의 포트폴리오는
S&P500에 상장된 기업의 주식과 미국 재무성이 발행하는
물가연동채권(Treasury Inflation Protected Securities, TIPS)으로만
구성되도록 설계되었다.

현실적으로 개인투자자가 미국을 제외한 다른 국가의 주식과 채권을 철저히 공부하고 투자하는 것은 쉬운 일이 아니다. 즉, 시공간적인 제약으로 인해 일반 투자자가 스스로 구성한 포트폴리오는 범위가 한정될 수밖에 없다고 가정한 것이다.

시뮬레이션의 결과는 어땠을까? 로보어드바이저 포트폴리오는 모든 시나리오에서 일반 투자자의 포트폴리오보다 높은 수익률을

● 로보어드바이저 vs. 개인투자자 포트폴리오 수익률 비교 ●

연간 수익률(평균)	주식 비중 50%	주식 비중 70%	주식 비중 90%
로보어드바이저	8.1%	8.8%	9.5%
개인투자자	5.2%	5.6%	5.8%
수익률 차이(위험조정 전)	2.8%p	3.3%p	3.6%p
수익률 차이(위험조정 후)	0.9%p	1.4%p	1.8%p

자료: Betterment
주: 시뮬레이션 기간을 2004년 1월~2013년 12월로 설정함.

기록했다. 두 포트폴리오의 수익률 차이는 3.6%p(주식 비중 90%)
가 가장 높았고, 3.3%p(주식 비중 70%), 2.8%p(주식 비중 50%) 순으
로 나타났다.

다만, 로보어드바이저가 일반 투자자의 포트폴리오보다 위험도
가 높은 자산에 투자했다는 점을 감안하면 단순 수익률 비교는
오해의 소지가 생길 수 있다. 따라서 베터먼트는 위험도를 조정한
수익률을 제공했다. 위험도는 각 시나리오별 로보어드바이저 포트
폴리오의 초과 수익률을 변동성으로 나눔으로써 조정되었다.

그 결과 위험도를 조정한 수익률 역시 모든 시나리오에서 로보
어드바이저 포트폴리오가 일반 투자자의 포트폴리오보다 높았다.
두 포트폴리오의 수익률 차이는 1.8%p(주식 비중 90%)가 가장 높
았고, 1.4%p(주식 비중 70%), 0.9%p(주식 비중 50%) 순으로 나타났
다. 특히 주식이 전체 포트폴리오에서 차지하는 비중이 90%인 시

나리오에서 가장 큰 수익률 차이를 보였다는 점을 주목할 필요가 있다. 일반적으로 장기투자 시 가장 좋은 수익률을 보여주는 자산이 바로 주식이기 때문이다.

즉, 장기투자를 하고 싶지만 경제와 투자에 대해서 충분히 공부할 시간이 부족하다면, 로보어드바이저를 통한 투자가 더 높은 수익률로 이어질 가능성이 큰 것이다.

물론 로보어드바이저가 만병통치약이라는 의미는 아니다. 로보어드바이저에게도 분명 약점이 존재한다. 무엇보다 주식 가격이 급격하게 상승하는 강세장에서는 투자 전문가에 비해서 낮은 수익률을 기록할 가능성이 크기 때문이다.

실제로 주식정보업체 에프엔가이드에 따르면 코로나19 여파가 잦아들고 코스피가 강세장으로 접어들기 시작한 2020년 3월부터 12월 23일까지의 국내 로보어드바이저 펀드(설정액 10억 원 이상) 17개의 평균수익률은 8.71%였다.

그러나 국내 주식형 펀드의 평균수익률은 27.24%, 해외 주식형 펀드는 22.10%를 기록했다. 시장이 과열되고 단기성 투기자본이 많아지는 급등 상황에서도 로보어드바이저는 안정적인 투자에 집중해 상대적으로 낮은 수익률을 기록한 것이다.

그렇다면 로보어드바이저는 단기적인 '대박'을 이루지는 못하니 효용성이 낮은 걸까? 여기서 반드시 짚고 넘어가야 할 점이 있다. 과연 이러한 시장 상황이 장기적인 관점에서 얼마나 자주 있는 일일까? 2020년의 강세장은 코로나19라는 특수한 상황임을 인지해야 한다는 뜻이다.

다시 한 번 효율적 시장가설에 주목해보자. 원숭이와 인간의 투자대결에서 기억해야 할 점은 아래와 같다.

> "주식시장이 언제, 어떻게 강세장에 돌입할지를
> 정확히 예측한 전문가가 있었던 것이 아니다.
> 단지 세상 어느 곳에나 우연히 시장 평균보다
> 높은 투자수익률을 거두는 사람들이 있었던 것이다."

특히 최근에는 국내뿐만 아니라 전 세계적으로 로보어드바이저가 성장할 만한 자산시장의 여건이 마련되고 있다.

첫째, 금융자산에 투자하는 증가세가 빨라지고 있기 때문이다. 반면에 부동산 등 비금융 자산의 비중은 점차 감소할 것으로 예상되고 있다.

둘째, 저금리 기조가 지속됨에 따라 예적금 수요가 상대적으로 줄어들 전망이기 때문이다. 그 결과 연금성 상품과 금융 투자상품 수요는 지속적으로 증가할 것으로 보인다.

셋째, 안정적 장기투자를 선호하는 투자자들을 중심으로 개인종합자산관리계좌(ISA) 등을 활용한 소액 자산관리 시장이 팽창할 것으로 기대되기 때문이다. 개인종합자산관리계좌는 예금, 펀

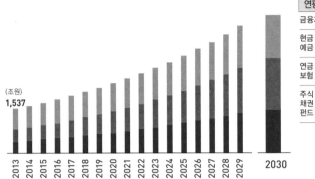

• 항목별 금융자산 증가 추계 •

(조원)
1,537

	연평균 성장률
금융자산	3.3%
현금 예금	0.9%
연금 보험	5.1%
주식 채권 펀드	4.4%

2013 2014 2015 2016 2017 2018 2019 2020 2021 2022 2023 2024 2025 2026 2027 2028 2029 2030

자료: 파운트 analysis; 통계청, 가계금융·복지조사(2013);
한국은행, 2013년 중 자금순환동향(2014);
금융투자협회, 2014 주요국 가계금융자산 비교(2014)

드, 증권 등 여러 상품을 하나의 계좌로 관리할 수 있어 안전성이 높고 빠르게 수익률을 높일 수 있는 장점이 있다.

특히 금융소득에 대한 세금을 바로 징수하지 않아도 되기 때문에 장기적으로 복리 효과와 수익률을 극대화하는 과세이연 효과도 누릴 수 있어 개인투자자들에게 상당한 매력으로 작용한다.

결과적으로 저비용 투자에 관한 선호가 로보어드바이저 수요를 이끌 것으로 보인다. 밀레니얼 세대들을 중심으로 젊은 투자자들이 저비용 투자를 선호하는 가운데, 낮은 수수료로도 자산관리 서비스를 받을 수 있는 로보어드바이저에 집중하고 있다.

즉, 로보어드바이저는 기존 자산시장에서 소외되었던 다수의 소

액 자산가나 임금근로자, 밀레니얼 세대들을 자산시장으로 편입
시켜 나갈 것으로 전망된다.

3장

매일
자산이 늘어나는
6가지 원칙

지금까지 우리는 은행에 돈을 쌓아두는 것만으로는 왜 자산을 만들기 어려워졌는지에 대해 알아봤다. 돈의 가치는 중장기적으로 떨어지기 때문에 자산을 적극적으로 형성하는 데 투자해야 하는 것이다.

그렇다고 어제 사고 오늘 파는 것은 투자가 아닌 투기일 뿐이다. 한두 번 성공할 수는 있지만, 오랜 시간 꾸준히 자산을 모으기 위한 방법으로는 부적절하다.

무엇보다 제대로 투자하기 위해서는 변동성을 관리해야 한다. 지수를 활용해 위험을 분산하고, 안전자산을 포함한 포트폴리오를 관리하는 것도 필요하다. 경기 사이클을 파악하고 대내외적 변수를 고려해 포트폴리오를 주기적으로 리밸런싱하는 것도 필수이다.

이 장에서는 매일 자산이 늘어나는 6가지 투자 원칙에 대해 알아보겠다.

원칙 1
현금을 쌓아 두지 마라

한국 사회는 그동안 금융과 투자에 관심을 갖는 데 부정적으로 바라보는 경향이 강했다. 금융상품에 대한 투자는 위험하며, 자칫 삶을 망칠 수 있다는 부정적 인식이 팽배했다. 이런 인식 탓에 열심히 일한 돈을 예적금에 넣어 목돈을 마련한 뒤 내 집을 마련하는 것이 대부분의 가정에서 취하는 일반적인 투자 방식이었다.

그러나 이런 한국의 독특한 투자 방식은 주요 선진국들과 상당한 차이를 보인다. 실제로 한국의 경우, 평균적으로 한 가구가 보유한 자산에서 실물자산이 차지하는 비중은 무려 76.4%인 반면, 금융자산은 23.6%에 불과하다. 그에 비해 주요 선진국들은 금융자산에 대한 의존도가 우리나라에 비해 높은 것을 알 수 있다.

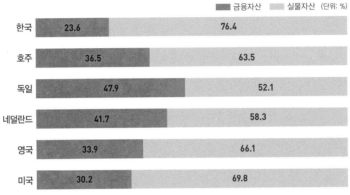

• 주요국별 가계의 자산 구성(대분류) •

	금융자산	실물자산 (단위: %)
한국	23.6	76.4
호주	36.5	63.5
독일	47.9	52.1
네덜란드	41.7	58.3
영국	33.9	66.1
미국	30.2	69.8

자료: 한국은행, Badarinza
주: 가계 자산 구성을 조사하는 시점과 방식이 국가별로 상이해, 해석 시 주의 필요

• 주요국별 가계의 자산 구성(소분류) •

(단위: %)

		한국	호주	독일	네덜란드	영국	미국
금융자산		23.6	36.5	47.9	41.7	33.9	30.2
실물자산		76.4	63.5	52.1	58.3	66.1	69.8
부동산		71.8	50.4	36.6	45.5	37.4	43.8
	거주주택	42.5	42.5	29.9	43.3	34.6	40.6
	거주주택 외	29.2	7.9	6.7	2.2	2.8	3.2
기타 실물자산		4.6	13.1	15.5	12.8	28.7	26
총자산		100	100	100	100	100	100

자료: 한국은행, Badarinza
주: 가계 자산 구성을 조사하는 시점과 방식이 국가별로 상이해, 해석 시 주의 필요

1부 앞으로 10년, 당신의 돈은 어디를 향하는가

특히 한국의 경우, 실물자산의 상당 부분을 부동산이 차지하고 있는 데 전체 자산 중 부동산 비중이 무려 71.8%에 달한다. 거주주택(42.5%)과 거주주택 외의 부동산(29.2%)이 실물자산의 대부분을 차지하고 있는 것이다. 거주주택을 제외한 부동산 자산의 비중이 높은 것은 미국, 영국 등 다른 금융 선진국들과 비교하면 매우 이례적이다.

이것은 유독 우리나라가 부동산을 주요한 투자 대상으로 간주하고 있으며, 금융을 활용한 자금 운용이 주요 선진국들에 비해 상당히 부족하다는 것을 보여주는 예라고 할 수 있다.

또 하나 주목할 만한 것은 비중이 낮은 금융 투자가 그마저 감소하고 있다는 점이다. 다음 표에서 국내 가구별 자산 구성을 살펴보면, 2013년 기준 금융자산은 가구 총자산의 27%를 차지했지만, 지속적으로 감소해 2020년에는 23.6%에 불과했다. 가구당 금융자산의 규모가 평균적으로 1억 원 안팎인데, 실물자산은 2012년 약 2억 4,000만 원에서 2020년 약 3억 4,000만 원으로 큰 폭으로 증가했다.

문제는 비중이 얼마 안 되는 금융 투자도 그나마 예적금 위주라는 것이다. 앞의 그래프를 보면 알겠지만, 한국인이 가장 선호하는 금융자산 운용 방법은 역시나 예금이었다. 2020년 3월 말 기준 선호하는 금융자산 운용 방법은 예금이 89.5%로 독보적인 비중을 차지하고 있으며, 주식은 6.2%, 개인연금은 2.5%에 그칠

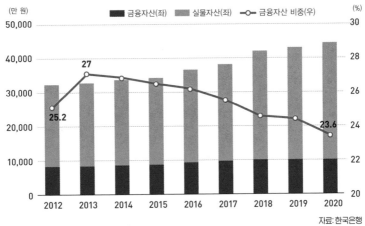

• 국내 금융자산과 실물자산 추이 •

자료: 한국은행
주: 한국은행의 가계금융 복지조사는 매년 3월 말 기준으로 집계됨.

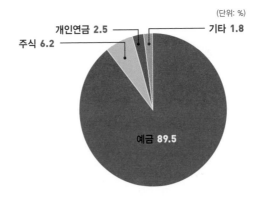

• 금융자산 운용 방법 선호도 •

(단위: %)

개인연금 2.5
주식 6.2
기타 1.8
예금 89.5

자료: 한국은행(2020)

1부 앞으로 10년, 당신의 돈은 어디를 향하는가

뿐이었다.

이를 통해 투자에 대한 인식이 여전히 과거에 머무르고 있다는 것을 확인할 수 있다. 시대가 빠르게 변하고 있음에도 우리 국민은 여전히 안전한 금융자산 운용 방법을 선호하는 것이다.

이처럼 얼마 안 되는 금융자산조차 예적금 위주로 구성하는 것이 바람직하다고 생각하는 경향이 많은 사람들의 인식 속에 널리 퍼져 있다. 반면, 주식이나 펀드와 같이 위험이 따르는 금융 투자 상품은 여전히 기피하고 있는 실정이다.

예적금 이외의 금융자산에 투자해야 하는 이유

예적금에서 벗어나야 한다. 다양한 투자 대상을 탐색하고, 자신의 투자 여력과 성향에 맞는 투자처를 찾아야 한다. 과거 고도성장기에는 열심히 일해서 예적금에 돈을 넣는 것이 금융자산을 축적하는 좋은 방법이었지만, 저금리의 장기화가 예견되는 현재에는 결코 합리적인 방법이 아니다.

예적금은 돈을 모으게 하는 것이 아니라,
사실상 돈을 계속 잃게 만드는 것이다.

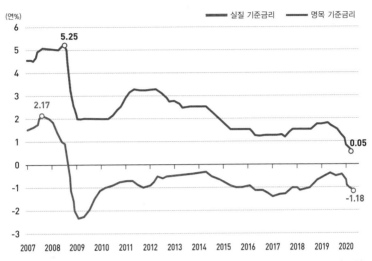

● 명목 기준금리와 실질 기준금리 추이 ●

(연%)

실질 기준금리 ━━━ 명목 기준금리

5.25

2.17

0.05

-1.18

2007 2008 2009 2010 2011 2012 2013 2014 2015 2016 2017 2018 2019 2020

자료: 한국은행
주: 실질 기준금리는 명목 기준금리와 물가상승률의 차이를 의미함.

　실제로 2020년 6월 기준 소비자물가 수준을 반영한 실질 기준
금리는 연 –1.18%를 기록했다. 은행에 돈을 맡기면 오히려 손해
를 본다는 뜻이다. 게다가 한동안 이러한 추세는 지속될 가능성이
높다. 2020년에는 코로나19 여파로 소비자물가가 굉장히 낮은 수
준에 머물러 있었지만 향후 다시 상승하는 추세로 전환될 것이기
때문이다. 2020년 소비자물가는 0.5% 상승했는데, 2020년 11월
한국은행의 전망치를 기준으로, 2021년과 2022년의 소비자물가
상승률은 각각 1.0%, 1.5%를 기록할 것으로 예상된다.

　반면, 1장에서 설명했듯이 명목 기준금리는 경기부양을 위해

　　　　　　　　　　1부 앞으로 10년, 당신의 돈은 어디를 향하는가

(단위: %)

	2019	2020	2021(E)	2022(E)
소비자물가	0.4	0.5	1.0	1.5
근원물가 식료품 및 에너지 제외	0.7	0.3	1.0	1.3
농산물 및 석유류 제외	0.9	0.7	1.0	1.3

자료: 한국은행
주: 전년동기대비 / 2020년은 11월 전망 기준

한동안 낮은 수준을 계속 유지할 것으로 예상된다. 즉, 실질기준 금리가 계속해서 낮은 수준에 머무를 것으로 판단되는데, 이는 분명 이자를 받고 있어도 눈에 보이지 않는 물가상승률을 고려하면 사실상 돈을 계속 잃고 있는 것과 마찬가지인 셈이다.

따라서 예적금 이외의 금융자산에 투자해야 한다. 예적금으로 묶어두기보다 더 높게 형성될 자산의 가치가 무엇인지 적극적으로 탐색해야 한다. 시대가 변화했고 투자 환경도 변화했으니, 투자의 방식에도 변화가 요구되는 것이다.

이제는 성실함이나 우직함보다는 유연함이 요구되는 시대다. 우물 밖으로 나와 자금의 흐름을 관찰해야 한다. 통장에 저축된 잔고에서 만족을 찾을 때가 아니다. 돈의 가치가 하락하고 있음을 냉철하게 자각해야 한다. 더 이상 거스를 수 없는 경제의 흐름을 인지했다면, 당장 행동에 나서야 한다.

저축은 더 이상 우리의 미래를 책임질 수 없다.
저축은 우리의 노후를 보장하지 못한다.

피할 수 없다면 최대한 빠르게 그리고 정확히 '돈이 돈을 벌 수 있는 전략'을 찾아야 할 때다. 저축하지 말고 투자하자.

원칙 2
포트폴리오를 구성하라

당신이 행동하기로 결정했다면 어디에, 어떤 방식으로 자산을 투자해야 할까?

자산들을 다양하게 배분하여
포트폴리오를 구성해 투자해야 한다.

한 자산에 돈을 '몰빵'하여 투자하는 것이 아니라, 적정한 수준으로 분산투자해 '돈이 돈을 버는 투자'를 해야만 한다.

자산배분이라는 말 그대로 주식과 채권, 대체자산 등 다양한 자산을 섞어 투자해야 한다. 또한 기업 단위가 아니라 국가 단위로 투자를 확대해야 한다. 원자재 가격, 국제 금 가격, 국제 유가 등을 추종하는 글로벌 지수에 대한 투자도 놓치지 말아야 한다. 이렇게 글로벌 자산배분에 의거한 분산투자를 통해서 위험도를 줄이고, 중장기적으로 안정적인 수익률을 추구하는 투자를 해야 한다.

실제로 글로벌 금융위기 이후 저금리 기조가 고착화되고 한국 경제가 성숙기에 진입하면서 현금, 예금 위주의 자산 포트폴리오를 다변화하는 움직임들이 한국의 투자자들 사이에서도 나타나고 있다. 투자자들이 금융상품 쪽으로 자금을 이동시켜 나가고 있는 것이다.

자산운용사, 종합금융회사 등의 비은행기관에 고객이 맡기는 돈은 2009년 이후 빠른 증가세를 보이는 반면, 예금은행에 고객이 맡기는 돈은 증가세가 둔화되며 총수신에서 차지하는 비중이 감소하고 있다. 예금은행이 총수신에서 차지하는 비중은 2003년 53.5%였지만, 이 수치는 2020년 41.8%까지 줄어들었다.

은행에 고객이 맡기는 돈의 비중이 떨어지고 있는 가장 큰 원인은 금리의 하락 때문이다. 물론 금리로 모든 것을 설명할 수는 없지만, 상당히 많은 것들을 보여준다. 금리는 저축이라는 상품의 수익률이기 때문이다. 즉, 금리가 하락함에 따라 투자자들의 자금이 서서히 예적금에서 빠져나오고 있는 것이다.

1998년 예금은행 금리(저축성수신 가중평균금리)는 무려 연 13.3% 수준이었다(신규취급액 기준). IMF 외환위기에 불확실성이

● 금융기관별 수신 잔액 추이 ●

| (조 원) | ■ 예금은행(좌) | ■ 비은행기관(좌) | ─○─ 예금은행 비중(우) | (%) |

자료: 한국은행
주 1: 비은행기관은 예금은행을 제외한 자산운용회사, 종합금융회사, 신탁회사 등을 포함함.
주 2: 수신은 연말 기준이며 2020년은 11월을 기준으로 작성함.

증폭되고, 안전자산 선호현상이 증폭되면서 예금은행 비중이 급
등했던 것이다. 이런 이유로 2003년까지만 해도 연 5% 수준의 투
자수익률이 꾸준히 유지되었기 때문에, 예적금은 한국 사회에서
최고의 투자 방법이었다. 하지만 이후 금리는 가파르게 떨어졌고,
2020년 현재 시중은행의 금리는 연 1.05%까지 하락한 상태다. 그
야말로 초저금리의 시대가 도래한 것이다.

'운'이 아닌 '시간'에 투자하라

초저금리의 시대, 더 이상 은행 예적금으로는 자산 형성이 어려워진 현실에서 젊은 개인투자자를 중심으로 금융 투자에 대한 긍정적인 인식이 폭넓게 자리 잡기 시작한 것은 어찌 보면 당연한 일이다. 과거 예적금과 부동산 투자에 편중되었던 자산관리에서 탈피하는 변화의 움직임이 일고 있다.

특히 20~30대 연령층이 중심인 밀레니얼 세대가 코로나19 이후 활발히 자산시장에 참여하고 있는데, 2020년 9월 기준 KB증권 등 주요 6개 증권사에서 새롭게 개설된 420만 개 주식 계좌를 분석한 결과 이들의 비중이 무려 57%에 달하는 것으로 조사되었다.

이렇게 젊은 개인투자자를 중심으로 투자에 대한 관심이 높아지고 있는 최근 현상은 바람직하다. 한국 금융시장이 건전하게 성장하는 데 큰 힘이 되고, 유망산업을 중심으로 자금이 활발히 이동해 경제가 견실하게 성장할 수 있도록 발판이 되어주기 때문이다.

중요한 것은 이러한 열풍이 한때의 유행이 아니라, 장기적인 자산 축적과 건전한 투자 문화로 연결되어야 한다는 것이다. 그러기 위해서는 개개인이 지속 가능하고 건전한 투자 방식에 대한 고민을 충분히 해야 할 필요가 있다.

그러나 우리나라에서는 '포트폴리오 투자'라는 분산투자 개념이 여전히 자리 잡지 못하고 있는 실정이다. 선진국에서는 이미 오래전 분산투자의 개념이 명확하게 자리 잡혔지만, 한국에서는 여전히 '○○주 수익률 200%' 혹은 '상한가 경신' 등 일순간 관심이 몰리는 투자처에 올인하는 경향이 강하다. 투자를 마치 투기처럼 인식하는 경향이 만연한 것이다.

가령 최근 2030세대의 주식투자 열풍을 보여주는 몇 가지 단어가 있다. 바로 '빚투'와 '영끌'이다. 즉, 신용대출, 담보대출 등 가용할 수 있는 모든 방법을 동원해 자금을 마련한 뒤 하나의 주식 종목에 올인하여 투자하는 행태를 의미한다. 소위 '한탕' 심리가 작용하고 있는 것이다. 이것은 분명 투기다.

물론 누군가는 '운'이 좋아서 단기간에 높은 수익률을 기록할 수도 있다. 코로나19의 충격으로 폭락했던 증시가 2020년 2분기 이후 상승장으로 돌아서며, 이 급격한 반전에 돈을 걸었던 이들은 큰돈을 버는 경험을 했을 것이다. 그러나 이런 방식의 투자는 너무나 위험하다. 지속적인 성공을 경험할 가능성이 너무나 낮기 때문이다.

우리에게 필요한 것은
자산을 지키며 장기간 안정적으로 투자할 수 있는 전략이다.

이러한 상황을 인식한 듯 정부는 2020년 6월 '금융 투자 활성화 및 과세합리화를 위한 금융세제 선진화 추진 방향'을 발표했다. 발표 내용과 전망에 대해서 다양한 의견이 나오고 있지만, 기본적으로 정부가 금융시장 선진화의 필요성을 인식한 것만큼은 분명하다. 해당 발표에는 자본시장의 성장과 금융 투자 활성화에 기여하는 금융세제 도입 등이 포함되었다.

다만, 코로나19 이후 경제의 불확실성이 증가하면서 적절한 투자처를 찾지 못한 부동자금이 증가하고 있다는 점은 문제다. 2020년 6월 말 기준, 단기 부동자금 규모가 사상 처음 1,200조 원을 넘어섰다. 따라서 추후 단기 부동자금이 어디로 흘러가는지 파악하는 것이 중요해졌다.

이런 막대한 자금이 어느 쪽으로 쏠리는지에 따라 시장 자체가 흔들리기 마련이고, 개인투자자들 입장에서는 그 흐름에 휩쓸리기 쉽기 때문에 주의해야 한다(관련된 이야기는 '원칙4. 경기 흐름을 파악하라'에서 좀 더 상세하게 다룰 예정이다).

결국 시장의 변화에 편승해 큰돈을 벌 수도 있겠지만, 반대로 시장에 휩쓸려 큰돈을 잃을 수도 있다. 문제는 한 번 크게 잃으면 좀처럼 회복이 어렵다는 것이다. 따라서 위험성을 줄일 수 있는 자산배분 포트폴리오를 구성해 장기투자하는 투자 전략이 갈수록 더 중요해지고 있다.

원칙3
변동성을 관리하라

최근 주식투자에 처음 진입한 개인투자자가 많아지면서 변동성 관리의 중요성이 부각되고 있다.

2030세대 젊은 투자자들은 대부분 직접투자를 통해 주식시장에 진입한다. 문제는 자산과 금융에 대한 충분한 이해 없이 투자 시장에 진입하는 경우가 대부분이라는 점이다. 일반적으로 서점에서 '무작정 따라 하기' 식의 주식 관련 서적을 몇 권 구입해 읽어 보거나, 투자하고자 하는 기업의 이슈를 검색하는 정도이다.

물론 이런 설익은 노력에도 불구하고 수익이 나는 경우도 있다. 코로나19 이후 주식시장이 한동안 강세를 보이며 단기적으로 큰 돈을 번 이들도 많은 것이 사실이다. 그런데 이처럼 어떠한 투자 원칙이나 아무런 전략이 없이 단기간에 높은 수익률을 경험한 투자자들이 만약 이후에 높아진 변동성으로 수익률의 급격한 하락을 경험한다면, 이를 견디고 투자를 지속할 수 있을까?

장기적으로 꾸준히 투자를 지속하고 싶다면 다양한 자산들을 묶어서 포트폴리오를 구성해야 한다. 위험자산과 안전자산을 정의해 분리하고, 서로 간에 상관관계를 통해 적은 변동성으로 꾸준한 수익률을 만들어야 한다.

물론 이러한 방식은 단기적으로는 큰 수익을 보기는 힘들다. 주식이나 채권과 같이 서로 속성이 다른 자산을 하나의 포트폴리오에 담기 때문이다.

그러나 중요한 것은 꾸준함이다. 자산을 빠르게 두 배로 불리는 것보다 장기적으로 원금을 지키면서도 일정한 수익률을 내는 것이 중요하다. 그것이 바로 포트폴리오가 지향하는 목적이다. 이렇게 변동성을 관리해 위험을 회피하는 방식은 부자들의 금융 투자 방법 중 하나이다. 또한 막대한 자금을 운용하는 골드만삭스와 같은 기관들이 지향하는 투자 방식이기도 하다.

올웨더 포트폴리오가 대안이 될 수 있을까?

올웨더 포트폴리오(All-weather Portfolio)는 앞서 설명한 투자의 방식을 설명하는 가장 대표적인 예라고 할 수 있다.

21세기 최고의 투자자 중 한 명으로 꼽히는 레이 달리오(Ray Dalio)가 만든 올웨더 포트폴리오는 경제 상황을 사계절로 구분해 어떤 계절에도 큰 손해를 보지 않고 버틸 수 있는 자산배분 전략이다.

즉, 서로 속성이 다른 주식, 부동산, 원자재, 그리고 채권에 분산 투자하는 가장 교과서적인 포트폴리오 방식으로, 이를 통해 투자자는 변동성에 대비하며 장기적인 수익을 바라볼 수 있다. 미래에 시장이 어떻게 움직일지 정확히 예측하는 것은 힘들지만, 과거 데이터를 바탕으로 언제 어떤 자산이 좋은 수익률을 기대할 수 있는지 파악할 수 있기 때문이다.

가령, 경제 상황이 시장의 전망보다 좋은 시기에는 위험을 감수하더라도 높은 수익성을 추구할 수 있는 자산들로 투자 자금이

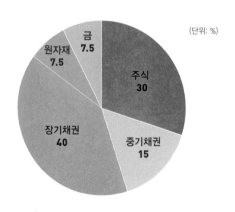

(단위: %)

금 7.5

원자재 7.5

주식 30

장기채권 40

중기채권 15

• 올웨더 포트폴리오 •

이동한다. 주식, 부동산, 원자재, 기업이 발행하는 채권(회사채)이 대표적이다. 경제 호황기에는 기업의 생산과 투자와 같은 경영 활동이 활발해지면서 자연스럽게 매출이 증가하고, 원자재 시장이 동반 성장한다. 부동산 투자가 활발해지고 기업의 미래가치를 반영하는 주식시장에도 많은 자금이 유입될 가능성이 높다.

• 경기 호조일 때 금리 변화 •

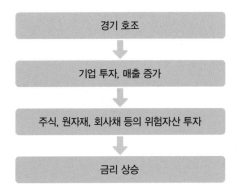

반면, 경제 상황이 시장의 전망에 못 미치면 투자자들은 불확실성과 위험을 지각하고, 수익률이 낮더라도 안전한 자산을 추구하는 경향이 확대된다. 미국, 한국과 같은 신용도가 높은 국가가 발행하는 채권(국채), 금, 달러화, 엔화 등 전통적인 안전자산으로 자금이 몰리는 것이다. 위험자산인 주식시장에서 자금이 빠져나가면서 주가는 하락하는 반면, 안전자산인 국채의 수요가 증가한다.

그 결과 국채의 가격은 상승하지만, 금리는 하락한다.

•경기 불안일 때 금리 변화•

경기 불안
↓
기업 투자, 매출 감소
↓
국채, 금, 달러화, 엔화 등의 안전자산 투자
↓
금리 하락

이러한 시장 원리를 토대로 생각하면 올웨더 포트폴리오의 장점이 명확히 드러난다.

경제 침체기를 가정해 예를 들어보자. 개인투자자가 높은 수익률을 기대하고 주식에만 집중 투자한 경우, 경기가 불안해지면 큰 손실을 입을 가능성이 높다. 침체된 경기로 위험자산에 대한 투자 수요가 줄어들어 주가가 하락하기 때문이다.

반면, 주식과 함께 채권, 금과 같은 안전자산에 분산투자를 한다면 주가가 크게 하락하더라도 국채나 금, 달러화 등이 버텨주면서 비교적 타격을 적게 입을 수 있다.

실제로 올웨더 포트폴리오와 주식에만 100% 투자한 상황을 비

• 올웨더 포트폴리오 vs. 주식 100% 백테스트 결과 비교 •

	초기자본금	최종자본금	평균수익률	최대수익률	최저수익률
올웨더 포트폴리오	$10,000	$27,640	7.82%	18.28%	-3.25%
주식 100%	$10,000	$29,131	8.24%	33.45%	-36.98%

자료: Portfolio Visualizer
주: 1985~2021년의 기간을 설정해 시뮬레이션을 진행함.

교해 수익률 백테스트를 해보면 결과는 명확해진다. 백테스트란 주어진 포트폴리오에 과거의 자산 가격 움직임을 대입해 수익률 기댓값을 시뮬레이션 하는 과정이다.

두 방법 모두 초기 자본금은 1만 달러, 기간은 1985~2021년으로 설정했다. 올웨더 포트폴리오는 주식 30%, 중기채(7~10년물 미국채) 15%, 장기채(20~25년물 미국채) 40%, 금 7.5%, 원자재 7.5%로 구성되었다. 반면, 비교 대상이 되는 포트폴리오는 주식으로만 100%를 구성했다. 백테스트 결과, 평균수익률과 최대수익률은 확실히 주식만으로 구성된 포트폴리오가 높은 모습을 보여주었다. 그러나 여기서 주목해야 할 것은 최저수익률이다(위의 표).

- 올웨더 포트폴리오 최저수익률: 연 −3.25%
- 주식 100% 포트폴리오 최저수익률: 연 −36.98%

과연 전체 포트폴리오에서 −36.98% 정도의 수익률이 발생했다

1부 앞으로 10년, 당신의 돈은 어디를 향하는가

면, 소규모의 자금을 운용하는 개인투자자들이 버틸 수 있을까? 더 중요한 것은 최대수익률과 최저수익률 간의 차이이다. 최대수익률과 최소수익률의 차이가 적을수록 좋은 포트폴리오인데, 거리 값을 산출하면 올웨더 포트폴리오는 21.53%p, 주식 100%는 70.43%p의 차이가 발생한다.

물론 이런 변동성을 이겨낼 수 있는 성향을 지닌 '공격형' 투자자들에게는 주식 100%의 투자가 적절할 수도 있다. 그러나 상당수의 '안정추구형' 투자자들에게는 올웨더 포트폴리오가 최적의 투자 방법이다.

올웨더 포트폴리오가 시장 상황이 좋지 않을 때도 비교적 안정적으로 운용이 가능한 이유는 주가가 떨어져도 국채와 같은 안전자산이 있어서 수익률을 방어하기 때문이다. 대표적인 안전자산인 국채는 주식과 일반적으로 '음(-)의 상관관계'를 보이는 자산이다. 음의 상관관계란, 비교하는 두 자산이 서로 반대되는 성격의 자산이라는 것을 의미한다. 그렇기 때문에 주가가 오르면 국채의 가격은 떨어지고, 주가가 떨어지면 국채의 가격이 오르게 된다.

물론 항상 주식과 국채에 음의 상관관계만 성립하는 것은 아니다. 주가와 상관없이 국채가 항상 안정적인 가격을 유지할 때도 있기 때문이다. 변동성이 높아지면서 주가가 급격하게 하락하더라도 국채는 가격이 상승하거나 주가 흐름과 크게 상관없이 안정적인 가격을 보이기도 한다.

• 자산 간 상관계수 분석 •

	국내채권	해외채권	국내주식	해외주식	대체투자
국내채권	-0.01	0.45	-0.26	-0.16	-0.01
해외채권	0.45	1.00	-0.03	-0.04	0.09
국내주식	-0.26	-0.03	1.00	0.57	0.05
해외주식	-0.16	-0.04	0.57	1.00	-0.01
대체투자	-0.01	0.09	0.05	-0.01	1.00

자료: 현대차증권
주: 대체투자란 부동산, 인프라투자, 헤지펀드와 같이 유통시장이 존재하지 않는 투자 자산군을 통칭함.

그런가 하면 국채와 주식이 동반 상승하거나 동반 하락하는 경우도 있다. 하지만 이는 갑작스럽게 시중 유동성이 증가하거나, 경제가 일종의 공황상태에 빠지는 경우로 일반적인 상황은 아니다. 따라서 특별한 경우를 제외한다면, 시장의 기대 이하로 경제가 좋지 않을 때를 대비해 안정적으로 수익률을 보장해주는 국채와 같은 안전자산을 포트폴리오에 반영해야 한다. 이를 통해서 우리는 위험자산에서 본 손실을 어느 정도 보완할 수 있게 된다. 미래를 정확히 예측하지 못했더라도 다양한 자산에 분산투자를 하면서 변동성을 관리할 수 있는 것이다.

1부 앞으로 10년, 당신의 돈은 어디를 향하는가

핵심은 자산을 배분하는 것

삼성전자, 애플 등의 개별 기업 종목이 아닌 S&P500지수나 코스피지수가 연동된 상장지수 펀드인 ETF에 투자하는 것도 변동성을 줄이는 좋은 방법이다. 주식시장에 상장되어 있는 다양한 기업들을 담아 꾸준하고 안정적인 성과를 낼 수 있기 때문이다.

그러나 여기서도 기본적인 원칙은 동일하다. 바로 자산을 배분하는 것이다. 즉, 다양한 지수형 상품에 자산을 배분해야 한다는 뜻이다. 만약 하나의 지수형 상품에만 가입하면, 그 지수가 대표하는 국가의 경제가 나빠졌을 때 예상치 못한 큰 손실을 볼 수 있기 때문이다. 예를 들어 가장 안정적이라는 S&P500지수조차 2008년 금융위기, 최근 코로나19 사태 등 예상치 못한 일로 인해 단기간에 급격한 하락세를 보이기도 했다. 그 하락 폭이 매우 커서 개인투자자가 견딜 수 없을 정도였다.

이런 점에서 지수형 상품도 개인투자자의 입장에서는 평생을 바라보며 장기간에 걸쳐 투자할 수 있는 좋은 방법이 아닐 수 있다. 그렇기 때문에 지수형 상품에 투자하려면, 다양한 지수형 상품을 조합해 리스크를 최대한 분산해야 한다.

앞서 설명한 로보어드바이저를 통해 투자하는 것도 변동성을 줄이는 좋은 방법이다. 특히 경제와 투자에 대해서 충분히 공부할 시간이 부족하다면 로보어드바이저가 알고리즘을 바탕으로 최적의 자산배분 전략을 세워주기 때문에 훌륭한 투자 대안이 될 수 있다. 국내에도 많은 자산운용사가 로보어드바이저 서비스를 제공하고 있는데, 미래에셋대우의 '로보포트(Robo-Port)', 신한금융투자의 '엠폴리오(M Folio)', NH투자증권의 'QV 글로벌 자산배분' 등이 있으며, 로보어드바이저 전문 핀테크 기업으로는 파운트, 에임, 핀트 등이 있다.

이상으로 올웨더 포트폴리오, ETF, 로보어드바이저와 같이 변동성을 관리하며 리스크를 분산하는 투자 전략에 대해 자세히 살펴보았다. '영끌'이나 '빚투'를 하는 것은 절대 좋은 주식투자가 아님을 다시 한 번 강조하고 싶다. 주식투자가 어제 매수하고, 오늘 매도하는 투기가 되어서는 안 된다. 평생 굴리는 자산을 모으기 위해서는 장기적으로 그리고 안정적으로 수익률을 유지할 수 있는 분산투자를 통해 변동성을 관리해야 한다.

원칙4
경기 흐름을 파악하라

　　　　　　　자산을 배분하기 위한 포트폴리오를
구성할 때, 무엇보다 중요한 것은 '경기 흐름'을 파악하는 것이다.
필자가 매년 발간하는 경제 전망서에서 지속적으로 강조하고 있
는 말이 있다.

> "경제를 모르고 투자하는 것은
> 눈을 감고 운전하는 것과 같다."

　실제로 경제와 주식시장은 절대 동떨어져 움직이지 않는다. 주
식뿐만 아니라 모든 자산시장이 그렇다. 따라서 경기 흐름을 정확
히 파악하고 포트폴리오를 구성해야 한다. 경기 흐름을 제대로 읽

을 수 있어야 포트폴리오 속에 어떤 자산을 얼마나 포함시켜야 하는지 구성할 수 있기 때문이다. 반대로 경기 흐름을 정확히 파악하지 못한 상태에서 임의로 구성한 포트폴리오는 그저 '직감'에 의존한 '투기'와 다를 게 없다.

한 국가의 경기 흐름과 밀접한 연관이 있는 개념이 바로 '경기순환(Business cycle)'이다. 이 경기순환을 보여주는 대표적인 거시경제지표들이 국내총생산(GDP), 금리, 소비, 투자, 생산, 고용률 등이다. 경기 흐름을 예측하기 위해서는 해당 지표들이 앞으로 어떻게 움직일지 예상하는 것이 중요하다.

경기가 상승하는 국면에서는 대부분의 거시경제지표가 증가 혹은 상승하는 경향이 있다. 먼저 향후 경기가 회복할 것으로 예상되면 기업의 생산 활동이 활발해진다. 그 결과 고용과 투자가 전반적으로 증가한다. 이렇게 경제활동이 활발해지면서 국민의 소득과 소비가 증가하고, 그만큼 시중에는 통화량이 증가하게 된다. 그리고 생산을 늘리기 위해 부품 및 완제품에 이르기까지 원자재

• 경기구분에 따른 거시경제지표 변화 •

경기구분	국내총생산	생산	고용	투자	소비	물가	통화량
상승	증가	증가	증가	증가	증가	상승	증가
하강	감소	감소	감소	감소	감소	하락	감소

의 수요가 증가함에 따라 물가가 상승하게 된다. 반면, 경기가 하강 국면에 있다면 거시경제지표들이 상승 국면일 때와는 반대로 움직인다.

이처럼 거시경제지표들이 경기 상승 국면을 나타내고 있다면 어디에 투자하는 것이 좋을까?

일반적으로 예금이나 채권과 같이 수익률이 낮은 자산보다는 주식, 부동산, ETF를 포함한 펀드 등의 수익률이 높은 자산에 적극적으로 투자하는 방식이 유리하다. 경기 회복에 대한 시장의 기대가 반영되면서 주가의 회복세가 먼저 시작되기 때문이다. 또한,

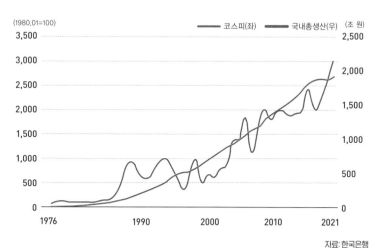

• 국내총생산(명목)과 코스피지수의 추이 •

자료: 한국은행
주 1: 2021년 코스피는 2월 3일 작성일 기준
주 2: 2020년과 2021년 국내총생산은 IMF(2021.1) World Economic Outlook Update를 기준으로 추정함.

본격적으로 경기가 회복하면 늘어난 통화량이 주식시장으로 유입될 가능성이 높다. 그 결과 주가지수와 국내총생산은 장기적으로 같은 방향으로 움직이는 경향이 있다.

부동산 가격도 경제와 밀접한 관련이 있다. 모든 가격은 수요와 공급에 의해 결정된다. 부동산 가격도 매수세와 매도세에 따라 가격이 결정된다. 부동산의 수요와 공급은 거시경제 여건에 영향을 받는다. 더욱이 부동산은 주거목적은 물론 중요한 투자목적의 수단이 되기 때문에 부동산 가격은 거시경제지표와 밀접한 관계가 있을 수밖에 없다.

가령 부동산 가격은 중장기적으로 산업생산지수, 주가지수와는 양(+)의 상관관계를, 양도성예금증서(CD)금리와는 음(-)의 상관관계를 갖는다. 향후 산업 활동이 전반적으로 활발해질 것이라 예상된다면 부동산을 포트폴리오에 일부 담는 것도 좋은 투자 방안이 될 수 있다. 물론, 부동산 투자도 향후 경제가 어떻게 전개될지를 판단하면서 적절한 투자 시점을 고려해야 한다. 부동산 가격이 장기적으로 상승세를 지속할지라도, 금리, 유동성, 가계부채, 부동산 정책 등과 같은 변수들이 부동산의 수요와 공급에 영향을 미쳐 등락을 반복할 것이기 때문이다.

안전자산을 포트폴리오에 포함시켜야 하는 이유

경기 흐름에 따라 포트폴리오를 구성할 때, 안전자산을 포트폴리오에 포함하는 것은 무엇보다 중요하다. 예를 들어 시장 전망보다 경기 회복세가 더디다면, 이를 대비하기 위해서 금이나 미국 국채와 같이 위험도가 낮고 지속적인 수익률을 보장하는 자산을 포트폴리오에 포함하는 것이 필요하다. 이와 같은 안전자산은 경기 흐름에 따라 시장의 변동성이 높아지더라도 마이너스 수익률을 보이는 사례가 많지 않기 때문이다. 실제로 미국의 10년 만기

• S&P500지수와 10년 만기 미국 국채 수익률 추이 •

자료: FRED

주 1: 미국 10년 만기 국채 수익률은 10년 만기 미국 재무부 고정금리를 기준으로 함.
　　　(남은 만기 일자가 서로 다른 미 국채의 평균수익률을 기준으로 만든 지표).
주 2: S&P500지수와 미국 10년 만기 국채 수익률은 계절조정이 이루어지지 않은 일 평균 기준임.

국채 평균수익률은 2012년부터 2021년까지 항상 플러스 수익률을 기록했다.

다만, 안전자산을 얼마나 포함시킬지를 결정하는 것은 개인의 성향에 따라 달라진다. 안정적인 투자를 선호하는 성향이라면 향후 경제 상황이 좋아져서 위험자산의 투자수익률이 높을 것으로 기대됨에도 불구하고 포트폴리오에 금, 국채와 같은 안전자산의 비율을 높여야 한다. 만약 경기 흐름만 믿고 본인의 성향과 달리 무리하게 투자한다면 단기적인 변동성에도 민감하게 반응하며 장기적으로 투자를 지속하기 어렵게 된다.

앞서 설명한 경기 순환국면과 밀접한 연관이 있는 또 다른 거시경제지표는 금리다. 금리에는 콜금리(Call Rate), 수신금리, 여신금리, 국고채금리 등 다양한 종류가 있다. 이 중에서 중앙은행이 공표하는 기준금리가 대표적인데, 기준금리가 결정되면 다른 종류의 금리도 비슷한 방향으로 움직이기 때문이다.

일반적으로 경기가 저점을 벗어나 회복하기 시작하면 중앙은행은 물가를 관리하기 위해 금리 인상을 단행한다. 이후 경제가 급격하게 확장되기 시작하면 금리 인상의 규모도 대폭 확대된다. 반대로 경기가 정점을 찍고 둔화되는 시기에는 그 정도를 조절하기 위해 중앙은행이 기준금리를 인하하기 시작한다. 이후 경기가 본격적인 침체기에 접어들면서 인하폭이 대폭 확대된 후 경기 저점까지 지속되는 경향이 있다. 따라서 기준금리의 추이를 면밀히 관찰한다면 경기 흐름을 정확히 파악할 수 있다.

기준금리와 자산의 가격 변동

기준금리는 자산의 가격 변동과 밀접한 연관이 있기에 반드시 염두에 둬야 한다. 기준금리가 상승하면 시중금리도 올라간다. 또 시중금리가 올라가면 주식, 펀드 등의 위험자산에 투자하기보다는 은행의 정기예금과 같은 안전자산을 선호하는 경향이 강해진다. 그 결과 자산시장에서 돈이 유출되기 시작하고, 주식과 부동

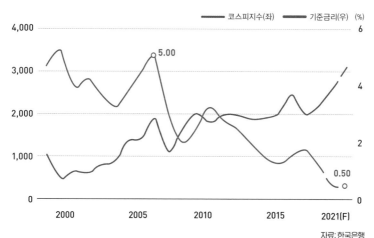

• 기준금리와 코스피지수 추이 •

자료: 한국은행
주: 2021년 코스피는 2월 3일 작성일 기준

산의 가격이 하락하는 경향이 있다. 반대로 금리가 떨어지기 시작하면 수익률이 높은 위험자산으로 돈이 몰리기 시작하고, 이는 자산 가격의 상승으로 이어진다.

금리와 주가는
일반적으로 반대 방향으로 움직이는 경향이 있다.

지금까지의 논의를 바탕으로 생각해보면 한 가지 의문이 든다. 경기가 회복되는 국면에서는 기준금리가 인상되는 것이 일반적이다. 그러나 경기 회복과 기준금리 인상은 자산시장에 서로 다른 영향을 준다. 경기 호전은 자산 가격의 상승을, 기준금리 인상은 자산 가격의 하락과 이어지기 때문이다.

그렇다면 경기가 좋아지는 동시에 기준금리가 인상되고 있다면, 위험자산과 안전자산 중 어디에 투자해야 할까? 이는 시장에서 투자자들이 기대하는 경기 회복의 정도와 중앙은행의 기준금리 변동 폭에 따라 달라진다.

예를 들어, 시장에서 향후 경기가 상당히 회복할 것으로 예측된다면 약간의 기준금리 인상으로는 자산 가격의 상승을 억제할 수 없다. 즉, 위험자산의 가격이 계속 오르는 것이다. 반대로 경기 활황이 막바지인 상태에서 과열을 막기 위해 기준금리를 많이 올리면 주가는 꺾일 가능성이 높다.

경기 전환기의 의사결정도 중요하다. 가령, 기준금리 인상이 지속된다면 어느 순간 기업의 투자 활동이 둔화되는 등 경기가 정점을 찍고 다시 하강 국면에 접어들기 시작한다. 바로 이때 위험자산의 수익률은 하락하기 시작하고 안전자산으로 자본이 유입된다. 투자자의 입장에서는 위험자산에 대한 투자 비중을 줄여야 하는 순간인 것이다.

미국 연방준비제도 의장에게는 '세계의 경제 대통령'이라는 별명이 붙는다. 누가 연준 의장에 오르든 그의 발언은 전 세계 언론에 실시간으로 중계되고, 전문가들은 그 발언의 의미를 해석하느라 바쁘다. 연준을 비롯한 중앙은행에 요구되는 기능 중 하나는 시장의 예측 가능성을 높이는 것이다. 끊임없이 시장에 신호를 주어 경제 전반의 안정성을 높이는 것이 중앙은행의 중요한 기능인 것이다.

기준금리는 이러한 기능을 수행하기 위해 사용하는 대표적인 수단이다. 소폭의 기준금리 인상·인하를 통해서 현재의 경기순환이 어느 지점에 와 있는지 시장에 신호를 주는 것이다.

따라서 투자자라면 다양한 거시경제지표와 함께 중앙은행의 기준금리 변화 추이와 전망을 종합적으로 판단하여 경기의 흐름을 읽을 수 있어야 한다. 이를 바탕으로 안전자산과 위험자산의 투자 비중을 결정하는 것은 중요한 투자 전략 중 하나이다.

경기 흐름을 쉽게 파악하는 방법

대다수의 개인투자자에게 투자는 부업일 것이다. 본업에 열중하면서 개별 거시경제지표를 통해 전반적인 경기의 흐름을 파악하기란 쉽지 않은 일이다. 경기와 관련돼 살펴봐야 할 경제지표들은 너무나 많고, 매일매일 새롭게 등장하는 예상치 못한 변수들이 경제 전망을 더욱 복잡하게 만들고 있기 때문이다.

그렇다면 이들은 어떻게 투자해야 할까? 포기하고 손을 놓거나 운이나 직감, 찌라시 등을 믿고 투자에 나서야 할까? 경기 흐름을 쉽게 파악하는 방법은 없을까? 경기 흐름과 관련된 대표적인 자료를 확인하는 방법이 있다.

일례로 1950년대 전미경제연구소(National Bureau of Economic Research, NBER)를 중심으로 복잡한 경제를 예측하기 위한 연구가 활발히 시작되었고, 이에 따라 경기종합지수(Composite Index, CI)가 개발되었다. 이후 경기종합지수는 우리나라를 비롯해 전 세계 주요국에서 경기지수를 작성하는 표준이 되었는데, 다만 국가마다 경제 실정이 조금씩 다르기 때문에 약간씩 변형되어 경기를 판단하는 것에 활용되고 있다.

이 밖에도 현재 널리 이용되고 있는 방법으로는 경기동향지수(Diffusion Index, DI), 기업경기실사지수(Business Survey Index, BSI), 소비자태도지수(Consumer Survey Index, CSI) 등이 있다. 미래의 위험에 대비하고자 한다면, 이러한 지표들을 참고하고 앞으로 경제가 어떻게 흘러갈지 예상할 수 있어야 하는 것이다.

여기서 잠깐, 가장 대표적으로 이용되는 경기종합지수를 살펴보자. 경기종합지수는 시차에 따라 선행·동행·후행종합지수로 구분된다. 경기를 예측하는 데는 선행종합지수가, 현재의 경기를 판단하는 데는 동행종합지수가 주로 활용된다. 경기종합지수가 추세치(=100)를 기준으로 100을 상회하면 '상승 국면', 100을 하회하면 '하강 국면'이라고 볼 수 있다.

2020년 경기종합지수를 예로 들어 보겠다. 코로나19의 충격이 4~5월에 집중적으로 작용하면서 경기종합지수가 최저치를 기록했다. 동행종합지수는 2020년 5월을 기준으로 반등했지만, 12월에도 100 이하에 머물고 있다. 경제 충격에서 완만하게 회복하고는 있으나, 코로나19 이전 수준으로 경기 상태가 돌아온 것은 아니다. 12월의 경기 상태는 코로나19 확산에 따른 거리 두기 강화 등으로 불확실성 증대, 내수시장 침체 등이 영향을 미친 결과로 판단된다.

한편, 선행종합지수는 2020년 12월 기준 103을 기록하며 코로나19 이전 수준으로 회복되었다. 선행종합지수의 연속적인 상승 추세를 보아 향후 경기가 회복될 것으로 기대된다. 코로나19를 극복하기 위한 적극적인 재정정책과 세계적인 경기 활성화 기대 등이 반영된 것으로 보인다.

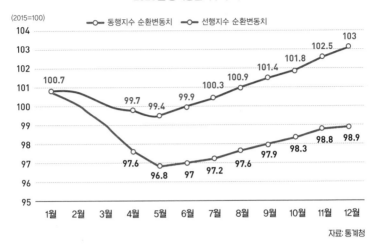

• 2020년 경기종합지수 추이 •

(2015=100)

━○━ 동행지수 순환변동치　━○━ 선행지수 순환변동치

자료: 통계청

이를 종합적으로 판단하면, 2020년 12월 기준 경제가 아직 코로나19의 충격에서 벗어나지 못했으나, 2021년 뚜렷한 수준의 회복세가 진전될 것으로 전망된다.

투자자라면 기준금리는 물론 다양한 거시경제지표를 바탕으로 경기 흐름을 정확히 읽기 위한 노력을 해야 한다. 이를 바탕으로 위험자산과 안전자산의 비중을 결정하고 포트폴리오를 구성해야 한다. 또한 경기종합지수와 같은 수단을 이용해 예측력을 높인다면 포트폴리오의 변동성을 줄이면서 기대한 수익률을 방어할 수 있을 것이다.

원칙5
글로벌 시장에 투자하라

올웨더 포트폴리오를 통해 속성이 서로 다른 자산에 분산투자를 할 때는, 국내 시장만이 아니라 글로벌 시장까지 포함해 투자해야 한다. 만약 글로벌 시장에 투자한다면 우리나라가 IMF 외환위기와 같은 충격을 다시 겪는다고 해도 안정적인 투자수익을 얻을 수 있다. 포트폴리오에 미국이 들어가 있고 유럽이 들어가 있기 때문이다. 언제든 발생할 수 있는 리스크들을 국내는 물론 해외의 주식, 채권, 원자재 등 속성이 서로 다른 자산에 투자해 위험성을 분산시킬 수 있는 것이다.

포트폴리오에는 한국 최고 기업을 담는 것에만 머무를 것이 아니라 세계 최고 기업을 담아야 한다. 특히 세계 경제를 이끄는 기업과 유망산업들이 미국에 있음을 기억해야 한다. 미국시장을 주

• 글로벌 기업들의 시가총액 비교 •

2조 1,040억 달러

1조 7,690억 달러

1조 5,910억 달러

7,527억 달러

5,139억 달러

삼성전자 페이스북 아마존 마이크로소프트 애플

자료: CompaniesMarketCap

주: 2021년 2월 25일 기준으로 집계됨.

시하면서 포트폴리오를 더욱 다각화해야 한다.

글로벌 시장에 투자한다는 것은 기본적으로 지수에 투자하는 것이다. 한 기업이 아니라 수백 개 기업이 포함된 지수에 투자해야 한다. 몇 개의 기업이 망하더라도 계속해서 새로운 기업이 들어올 수 있는 포트폴리오를 구성하는 것이다. 동시에 빠르게 성장하는 글로벌 신성장 기업들까지 담을 수 있는 투자 전략이 필요하다. 더 이상 국경은 의미가 없다. 세계 각국의 경제와 금융이 동조화되면서 국내 자산에만 머무는 포트폴리오는 경쟁력이 없다.

미래 경쟁력이 높은 곳에 투자하라

글로벌 시장에 투자해야 한다면 어떤 시장을 먼저 바라봐야 할까? 당연히 미국이다. 세계 1등 기업이 가장 많은 미국시장에 눈을 돌려야 한다. 미국시장에는 당장 세계 1등을 하는 기업도 많지만, 이에 못지않게 미래 경쟁력이 높은 기업들도 많다.

국내에서 삼성전자는 여타 기업들과 비교도 안 될 정도로 시가총액이 크고 글로벌화된 기업이다. 조금만 생각해보면 우리가 일상에서 많이 사용하는 스마트폰, 가전기기 등 수많은 부분에 삼성전자가 들어와 있다. 투자자의 관점에서 생각해보면 삼성전자는 장기적으로 꽤나 매력적인 투자 대상이다.

그러나 미국시장으로 조금만 눈을 돌리면 삼성전자 이상으로 우리의 일상에 깊이 스며들어 있는 기업들이 수두룩하다. 애플, 구글, 스타벅스, 코카콜라, 맥도날드, 마이크로소프트, 페이스북, 아마존 등 나열하기도 힘들 정도로 많은 기업의 상품과 서비스를 일상생활에서 쉽게 접할 수 있다. 특히 애플, 마이크로소프트, 아마존 등은 현재보다 미래가 더욱 기대되는 기업이다.

이들 기업은 인공지능, 빅데이터 등 미래를 이끌 핵심기술의 선두에 서 있는 빅테크 기업들이라는 점에서 더욱 주목할 필요가 있다. 국내에서 조금만 벗어나면 삼성전자 이상으로 매력 있는 투자 대상이 넘쳐나는 것이다. 심지어 특정 지수를 따라가게 만든

지수형 상품에 투자한다면, 이런 기업들을 포트폴리오에 모두 담을 수 있는 것이다. 시야를 좀 더 넓혀 글로벌 시장을 바라보며 투자를 해야 하는 이유가 여기에 있다.

국민연금이 글로벌 시장에 주목한 까닭

글로벌 시장에 대한 투자를 다룰 때, 국내 최대 연기금인 국민연금을 빼놓을 수는 없을 것이다. 국민연금의 운용 규모는 807조 원으로 일본의 공적연금펀드(GPIF), 노르웨이의 정부연기금(GPFG)에 이어 전 세계 3위의 규모를 자랑한다(2020년 11월 말 기준). 무려 800조 원이 넘는 이 엄청난 연금이 글로벌 시장에 주목하고 있는

• 국민연금 기금운용 중기자산배분안 개요 •

(단위: %)

	2020년 말	2021년 말	2025년 말
주식	39.6	41.9	50 내외
국내	17.3	16.8	15 내외
해외	22.3	25.1	35 내외
채권	47.4	44.9	35 내외
대체투자	13	13.2	15 내외
총기금	100	100	100

자료: 보건복지부, 국민연금기금운용본부

1부 앞으로 10년, 당신의 돈은 어디를 향하는가

것이다. 실제로 국민연금은 이미 국내주식보다 해외주식에 더 많은 투자를 하고 있으며, 향후에는 해외주식 투자 비중을 지금보다도 더 확대할 계획이다.

국민연금 기금운용위원회는 2020년 5월 '국민연금 기금운용 중기 자산배분안(2021~2025년)'을 발표했는데, 중기 자산배분안이 향후 5년간의 대내외 경제 전망, 자산군별 기대수익률 및 위험 등에 대한 분석을 반영하여 장기적인 목표수익률을 결정하는 초석이 된다는 점에 주목할 필요가 있다.

중기 자산배분안의 내용을 보면, 기금운용위원회는 주식과 대체투자를 중심으로 해외투자를 확대할 계획임을 확인할 수 있다. 2025년까지 해외투자를 55%(주식 35%, 채권 10%, 대체 10%) 수준까지 확대해 수익성과 안정성 제고를 위한 투자 다변화 기조를 유지할 계획인 것이다.

물론 국민연금의 해외주식의 비중이 너무 높다는 비판도 있다. 하지만 이에 대해 국민연금 기금운용위원회는 인구 고령화로 인한 미래의 기금 고갈을 막으려면 해외투자로의 확대가 불가피하다고 설명하고 있다. 즉, 연금의 고갈을 막기 위해서라도 해외주식의 비중을 확대해 수익률을 높여야 한다는 것이다.

그 결과 2021년 2월 12일 기준 국민연금 포트폴리오의 해외주식 비중은 25.1%로 국내주식 비중(16.8%)보다 높은 것으로 밝혀졌다. 이는 2021년 말 중기 자산배분안의 목표치를 이미 달성한 것이다. 2025년 말까지 해외주식 비중을 35% 내외까지 늘려나갈 계획이다.

투자자라면 국민연금이 기관투자자로서 갖고 있는 위상을 생각해볼 필요가 있다. 국민연금 기금운용위원회의 투자 포트폴리오를 살펴보면 향후 어떤 자산의 가치가 높아질 것인지 어느 정도 가늠할 수 있기 때문이다.

국민연금과 같은 공적연금의 자산운용 변화는 금융시장은 물론 거시경제 전반에 상당한 영향을 주는 만큼 면밀히 관찰해야만 한다. 오죽하면 많은 투자 전문가들도 '국민연금이 투자하는 것을 그대로 따라 하라'는 말을 하겠는가.

따라서 국내 최대 규모의 연기금을 운용하는 전문가 집단인 국민연금 기금운용위원회가 수익률을 위해서 해외투자를 확대해야

● 국민연금 보유 미국주식 현황 ●

종목명	매입가($)	평가액($)	수익률(%)
애플	8.22	2.33B	1,647
테슬라	9.71	0.38B	8,305
아마존	996.79	1.55B	329
SPDR S&P500 ETF(SPY)	231.58	0.93B	170
페이스북	137.57	0.77B	196
마이크로소프트	76.59	1.75B	320

자료: 국민연금
주: 2021년 2월 12일 기준이며, 수익률은 금액가중수익률 기준임.

한다고 발표한 점을 개인투자자들은 간과해서는 안 된다. 연기금 특성상 수익률과 별개로 공공성이 강조될 수밖에 없는데, 그럼에도 불구하고 국민연금이 향후 해외투자를 확대하겠다고 발표한 것은 장기적인 관점에서 해외투자의 중요성이 앞으로 더욱 커질 가능성이 높다는 점을 시사한다. 실제로 2020년 11월에 발표된 국민연금의 자산별 운용수익률을 살펴보면, 1988~2019년까지 해외주식의 수익률은 10.08%로 국내주식 투자수익률인 5.59%보다 상당히 높은 수준이다.

특히 국민연금은 해외투자를 확대하는 가운데 미국에서 빠르게 성장하는 신성장 기업들을 선점함으로써 높은 수익률을 기록하고 있다. 미국시장에 집중하면서 해외투자를 확대하고 있는 것이다. 실제로 국민연금은 애플, 테슬라 등을 선점해 장기투자 함으로써 엄청난 수익률을 기록하고 있는데, 2021년 2월 12일 기준 국민연금의 애플 투자수익률은 1,647%, 테슬라 투자수익률은 무려 8,305%에 달한다.

개인도 글로벌 시장에 눈을 돌려야 할 때

개인투자자도 마찬가지다. 글로벌 시장에 투자해야 한다. 미국을 포함해 글로벌 시장에서 빠르게 성장하고 있는 신성장 기업들

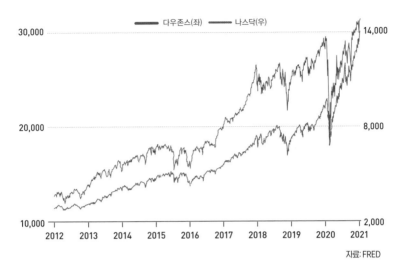

• 미국 주가지수 추이 •

━━ 다우존스(좌) ━━ 나스닥(우)

자료: FRED

을 선점하고 장기적인 관점에서 자금을 운용해야 한다.

2021년 미국 경제는 2020년 대비 6.5% 성장하며 2019년 수준
으로 회복할 것으로 기대되고 있다. 2020년 역성장에 의한 기저효
과와 대규모 경기부양책 등 추가 재정지출로 인해 회복 속도가 예
상보다 빠를 것으로 전망된다. 이러한 기대가 반영되어 코로나19
초기 급락한 미국의 주가는 빠르게 회복하는 것은 물론 심지어
사상 최고치를 기록하기도 했다.

동시에 전반적인 금융환경이 안정화되고 기업투자와 개인소비
가 양호한 회복세를 보일 것으로 전망된다. 비록 코로나19가 대면
접촉 빈도가 높은 서비스 부문을 중심으로 미국 경제의 소비와

투자를 위축시켰지만, '이커머스(E-Commerce)'와 '라이브 스트리밍'을 통한 소비 매출이 충격을 상쇄했으며, 향후에도 급격하게 성장할 것으로 예상되기 때문이다.

중장기적으로도 미국의 거시경제지표는
상당히 견고할 것이라는 점은 투자 관점에서 매우 중요하다.

미국은 3억 명이 넘는 내수시장을 갖고 있다. 기술력과 막강한 군사력을 바탕으로 전 세계에서 패권을 행사하는 국가이기도 하다. 이는 미국이 투자자들의 가장 큰 적인 불확실성과 리스크로부터 비교적 자유로운 국가라는 것을 의미한다. 실제로 이러한 힘은 미국 금융시장의 빠른 회복력의 원천이 되고 있다. 그 결과 2008년 금융위기, 2020년 코로나19의 충격 등에도 불구하고 미국의 주식시장은 장기적으로 꾸준히 성장하고 있는 것이다.

이와 같은 힘을 바탕으로 미국은 전 세계에서 가장 크고 영향력 있는 금융시장으로 자리매김한 지 오래다. 특히 2008년 금융위기 이후 금융시스템에 대한 대대적인 개선이 이루어지면서 한층 건전성이 높은 금융시장이 형성되었다는 점도 주목할 필요가 있다. 2010년 7월 21일 오바마 전 대통령이 공식 서명하면서 발효된 금융규제개혁법(닷-프랭크 월스트리트개혁 및 소비자보호법)은 소비자보호를 강화하는 동시에 금융시장과 기업에 대한 관리 감독

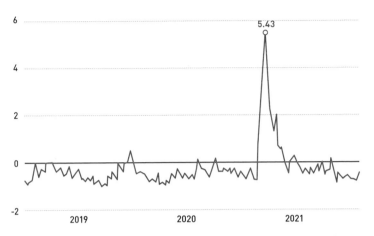

• 미국 금융스트레스지수 •

자료: FRED
주: 장기 평균 금융스트레스 = 0p
(0p 이하의 값은 평균 이하의 스트레스, 0p 이상의 값은 평균 이상의 스트레스 지수를 의미함.)

의 투명성을 높이는 성과를 거둔 것으로 평가된다.

이러한 제도적 정비는 미국 금융 부문의 안정성으로 이어지고 있다. 2018년 이후 상당 기간 금융스트레스지수(Financial Stress Index, FSI)가 0p 이하를 기록하고 있다는 점은 이를 잘 반증한다. 2020년 코로나19 충격으로 금융 부문의 불확실성이 급격하게 높아지면서 금융스트레스지수가 한때 5.43p까지 높아지기도 했지만, 지금은 빠르게 회복하는 모습을 보이고 있다.

그 결과 미국은 2020년 1월 기준 세계 주식시장에서 무려 54.5%에 달하는 비중을 차지하고 있다. 이는 일본을 비롯한 다른

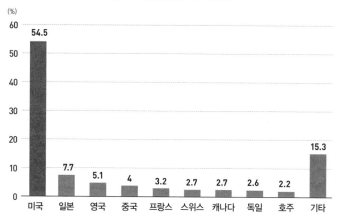

• 세계 주식시장 대비 주요국의 비중 •

자료: Statista
주: 2020년 1월 기준 전 세계 주식시장에서 각 국가가 차지하는 비중

주요국들과 비교해 압도적인 수치이다. 달러라는 기축통화의 장점, 건전한 주주자본주의의 발전, 금융시스템 선진화 등의 다양한 요인에 의해서 미국시장은 세계에서 가장 활발하고 건전한 시장으로 자리매김한 것이다.

따라서 미국시장에 투자한다는 것은 포트폴리오의 안정성을 높이는 동시에 세계에서 가장 빠르게 성장하는 기업들에 투자한다는 의미를 가진다.

무엇보다 대한민국 경제를 객관적으로 살필수록 해외자산 투자 비중을 확대해야 할 필요성을 더 크게 느끼게 된다. 한국의 실물경제는 5,000만 명 정도의 상대적으로 작은 내수시장을 보유하

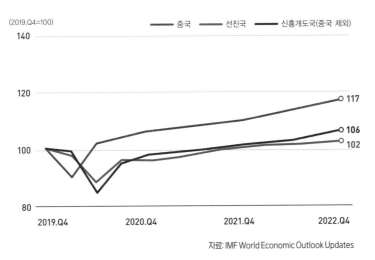

• 권역별 경기 회복세 추이 및 전망 •

(2019.Q4=100) ── 중국 ── 선진국 ── 신흥개도국(중국 제외)

자료: IMF World Economic Outlook Updates

고 있다. 또한 중국, 북한, 일본 등 인접국가와의 정치·외교적 마찰과 같은 외부 요인에 큰 영향을 받는다. 2019년부터 현재까지 계속되고 있는 한일 무역 분쟁은 이러한 점을 다시 한 번 상기시키기에 충분한데, 이와 같은 실물경제의 취약성은 그대로 금융시장으로 이어질 수밖에 없다. 2017년 중국의 사드(THAAD) 보복 조치로 국내 면세점과 화장품, 엔터테인먼트 관련 기업들의 기업가치가 급락한 적이 있다. 무엇보다 북한과의 군사적 긴장감은 한국의 지정학적 리스크를 높이는 가장 큰 요인 중 하나다.

앞서 1장에서 국내 금융시장이 글로벌 금융위기 이후 대외 환경에 더욱 크게 영향을 받고 있다고 설명한 바 있다. 이는 국내 자산시장이 대내적인 요인과 별개로 움직일 가능성이 그만큼 높아졌다는 것을 의미한다. 이러한 상황에서 국내자산에 집중투자 하는 방식은 상대적으로 높은 변동성을 감내해야 한다는 뜻이다. 따라서 미국시장 뿐 아니라 유망 신흥국을 투자 포트폴리오에 포함시켜 변동성을 관리해야 하는 것이다.

신흥국의 무서운 반등을 고려하라

신흥국의 성장세는 글로벌 자산배분의 중요성을 더욱 일깨워준다. 세계 경제는 2021년 본격적인 회복 국면을 지나 2022년 확장 국면에 진입할 것으로 전망된다.

여기서 투자자라면 신흥국의 무서운 반등을 신중하게 고려해야 한다. 신흥개도국은 2021년과 2022년 각각 6.3%, 5.0% 성장할 것으로 예측된다. 특히 중국과 인도의 경기가 빠르게 회복하면서 신흥국의 반등을 견인할 것으로 보이는데, 이는 글로벌 경기 회복세보다도 높은 수준이다.

특히 기술 기반 기업들의 성장이 심상치 않다. 과거 원자재, 제조업 바탕의 전통산업에서 벗어나 정보기술, 플랫폼 기반의 기업들이 신흥국 내에서 빠르게 성장하고 있다. 즉, '이머징 테크(Emerging Tech)' 기업들이 신흥국의 빠른 경제 성장을 견인할 것으로 기대되고 있는 것이다. 이미 빅테크 기업들이 충분히 성숙한 선진국 시장과 달리 신흥국들은 도입기나 성장기에 진입한 상태이기 때문에 기술 도입이 더욱 급속도로 전개되며 그만큼 빠르게 성장할 가능성이 높다.

알다시피 '세계의 공장'이라 불렸던 중국은 이제는 완전히 새로운 국가로 탈바꿈하고 있다. 알리바바, 바이두, 텐센트 등 중국의 플랫폼 기업들의 성장은 세계를 긴장시키고 있다. 세계적으로 핀테크 기업들이 빠르게 성장하고 있는데, 중국이 주도적인 역할을 하는 것이다. 실제로 중국은 2017년도 세계 22개의 핀테크 '유니콘 기업(기업 가치가 1조 원 이상인 스타트업 기업)' 중 무려 6개를 보유하며 핀테크 사업을 주도하고 있었다. 이후 중국의 핀테크 시장은 제3자 결제시장, 온라인 펀드, P2P대출 시장 등을 중심으로 빠르게 성장하고 있는데, 중국의 제3자 결제시장은 이미 미국보다 더 큰 규모로 성장했다.

중국뿐만이 아니다. 인도, 남미, 아세안 지역에서도 신성장 산업의 성장이 두드러지며 기술주 투자가 확산되고 있다. 인도 증시의 시가총액 상위권에 기술 기반 기업들이 속속 진입하고 있는가 하면, 브라질에서는 전자상거래 플랫폼 기업인 메르카도리브레(Mercado Libre, MELI), 아세안 지역에서는 싱가포르의 온라인 기업 씨(Sea)가 전통적인 기업들을 제치고 시가총액 1위를 차지하고 있다.

이러한 흐름은 앞으로도 꾸준히 계속될 것이다. 따라서 미국의 빅테크 기업과 함께 신흥국의 이머징 테크 기업에 대한 관심을 멈추지 말아야 한다. 글로벌 자산배분에서 이러한 종목에 자산을 투자해야 하는 것이다. 그러나 한 가지 주의할 점은 신흥국의 위험성을 고려해 개별 주식에 투자하는 것보다는 이머징 테크 기업들을 한 번에 담을 수 있는 ETF에 투자하는 것이 장기적으로 좋은 방향이 될 수 있다는 점을 명심해야 한다.

원칙6
주기적으로 리밸런싱하라

국내를 넘어 세계의 경기 흐름을 파악하고, 변동성을 줄이기 위해 글로벌 시장에 자산을 배분하는 포트폴리오를 구성해 투자할 수 있다면 투자의 첫걸음을 제대로 뗀 것이라 자신할 수 있다. 그러나 투자는 은행에 돈을 맡기거나 부동산을 구입하는 것과는 다르다. 투자는 끝이 없기 때문이다. 리밸런싱으로 끊임없이 자산을 재구성해야 하기 때문이다.

아무리 세계 경제 전망이 긍정적이라고 할지라도 국내시장에서 단기적인 불확실성은 언제나 존재한다. 중국의 사드 보복과 한한령, 한일 무역전쟁, 중국의 호주 때리기, 미국의 화웨이 공급 차단, 이란 경제 제재 등과 같은 수많은 예상치 못한 일들 때문에 요동치던 주가를 우리는 충분히 경험해왔다. 따라서 글로벌 자산배분으로 포트폴리오를 구성하되, 지속적인 리밸런싱을 통해 불확실성을 관리해 나가야 하는 것이다. 바로 이것이 글로벌 투자의 핵심이다.

리밸런싱이란 포트폴리오에 포함된
자산의 비중을 조절하는 과정을 말한다.

투자자가 처음 구성한 포트폴리오는 시간이 지남에 따라 변할 수밖에 없다. 당연한 일이다. 경기 흐름이 바뀌면서 자산의 가격이 끊임없이 변하기 때문이다.

이렇게 포트폴리오의 자산 비중이 변한다는 것은 리스크의 범위가 끊임없이 변한다는 의미다. 따라서 리스크의 범위를 끊임없이 조정하지 않으면, 수익률이 크게 급등락(변동)할 수밖에 없다. 자산배분 전략의 핵심인 리스크 분산이 무너지게 되는 것이다.

이처럼 리밸런싱은 포트폴리오를 구성하는 것만큼 중요하다. 리스크를 관리하고 기대수익률을 높이기 위해서는 주기적인 리밸런싱이 필수적이기 때문이다. 실제로 다음의 표처럼 리밸런싱하지 않는 경우에 비해 매달 주식과 채권의 비중을 재분배하는 것이 보다 높은 성과를 나타낼 수 있다.

자산시장은 단기적으로 끊임없이 상승과 하락을 반복한다. 비록 장기적으로는 대부분의 자산이 실물경제의 성장과 맞물려 우상향하는 경향이 있다고 해도 단기적으로는 과열과 침체가 반복

자료: 메리츠증권 리서치센터

되는 것이다. 따라서 이에 맞추어 포트폴리오 구성도 끊임없이 변화해야 한다. 한 번 포트폴리오를 구성하고 방치한다면 자산시장의 단기적인 변동에 제대로 대처할 수 없게 되고, 결국에는 수익률이 하락하고 끊임없이 리스크에 노출될 수밖에 없다.

예를 들어 투자자 A가 본인의 포트폴리오를 '6대 4' 투자 방식에 기초해 구성했다고 가정해보자. 즉, 포트폴리오에 위험자산인 주식을 60%, 비교적 안전자산인 채권을 40% 포함시킨 것이다. 그런데 약 3개월 후 시장의 전망보다 경기 흐름이 상승 국면에 접어들면서 주식이 좋은 성과를 보였다. 그 결과 포트폴리오에서 주식이 차지하는 비중이 크게 늘어나게 된다. 포트폴리오 비중이 주식

1부 앞으로 10년, 당신의 돈은 어디를 향하는가

70%, 채권 30%로 변하게 된 것이다.

•주가가 상승할 때 포트폴리오 비율 변화•

이는 처음에 투자자가 의도했던 것과 달리 주식 비중이 높아진 것이고, 이는 리스크에 취약한 포트폴리오 구조로 바뀌었다는 뜻과 같다. 따라서 리밸런싱을 통해서 이를 조절해줘야 한다. 주식의 비중을 줄이고 채권의 비중을 다시 높이기 위해서 주식을 팔고 채권을 사는 것이다. 이처럼 높은 성과를 낸 자산을 되팔고, 성과가 적은 자산을 추가 매입하는 방식이 가장 많이 활용되는 리밸런싱 방법이라고 할 수 있는데, 투자자는 이 과정에서 어느 정도 수익을 실현하게 된다.

하지만 정반대로 성과가 적게 난 자산을 팔고 성과가 좋은 자산의 비중을 계속 늘려가는 리밸런싱 방법도 있으며, 포트폴리오의 자산 편입 비율에 따라서 리밸런싱을 할 수도 있다. 리밸런싱 방법은 투자자의 성향에 따라 무궁무진하다.

리밸런싱은 언제해야 할까?

리밸런싱은 가지치기와 같다. 가지치기를 꾸준히 해야 나무가 우람하고 똑바로 자라는 것처럼 리밸런싱도 주기적으로 해줘야 리스크의 범위를 관리하고, 기대수익률을 유지할 수 있다.

리밸런싱의 방법은 다양한데, 가장 기본적인 방법은 '주기별 리밸런싱'이다. 이 방법은 투자자가 미리 정해놓은 시점(6개월, 1년 등)에 포트폴리오 자산 비율을 점검하고, 비중이 변했다면 처음에 의도한 대로 다시 조절하는 방법이다. 리밸런싱 시점은 투자자의 성향에 따라 달라질 수 있다. 다만, 너무 잦거나 늦은 주기의 리밸런싱은 오히려 수익률을 악화시킬 수 있다.

다음으로 '밴드 리밸런싱'은 자산별로 목표 비중과 허용 범위를 설정하고, 이 범위를 이탈하는 경우 리밸런싱을 시행하는 방식이다. 예를 들어 주식의 목표 비중이 70%고 허용 범위를 ±5%인 포트폴리오를 예로 들어보자. 경기 호조로 주식 비중이 75%(70%+5%) 이상이 된다면 허용 범위를 이탈하는 것이기 때문에 리밸런싱을 해주면 된다. 국민연금은 2011년부터 주기별 리밸런싱에서 밴드 리밸런싱으로 변경해 포트폴리오를 운용하고 있다.

마지막으로 '포트폴리오 보험 전략'이 있다. 이는 위험자산에서 볼 수 있는 손실에 대한 보험 역할을 할 수 있는 풋옵션 등의 안전자산을 일정 비율 유지하면서 본인이 선택한 만큼만 위험자산

• 시장 상황별 리밸런싱 방법 •

시장상황	주기별 리밸런싱	밴드 리밸런싱	포트폴리오 보험 전략
상승	권장	지양	권장
유지	중립	권장	지양
하강	권장	지양	권장

자료: CFA Institute, CommonWealth
주: 실제 리밸런싱 방법에 따른 투자 결과는 시장상황에 따라 상당히 다를 수 있음.

에 투자하는 방법이다. 또한 위험자산의 하락폭에 대한 허용치를 설정하고 이를 넘어서면 모든 위험자산을 안전자산으로 이동시키면 된다. 이를 통해서 손실을 최소화하고 이후 리밸런싱 기간에 맞춰 다시 위험자산과 안전자산의 비율대로 새롭게 위험자산을 매수하는 전략이다.

정리하면, 리밸런싱은 투자자의 성향과 원하는 기대수익률 정도에 따라 본인에게 맞는 방법을 선택하거나 시장 상황을 고려하여 진행하면 된다. 일반적으로 시장이 상승하거나 하강하는 국면이라면 주기별 리밸런싱 혹은 포트폴리오 보험 전략을 선택하는 것이 더 좋은 결과로 이어질 수 있다. 반면, 시장이 큰 변동 없이 유지될 가능성이 크다면 밴드 리밸런싱을 하는 것이 보다 효과적일 것이다.

2부

어떠한 상황에도 흔들림 없는 투자 전략

4장

잃지 않는
자산 시나리오
만들기

투자를 하지 않으면 생존이 보장되지 않는 시대다. 근로소득만으로는 부자는커녕 노후마저 힘들어질 수 있다. 전 재산을 과감히 투자해 자산을 만들어야 한다.

기존의 여유자금으로 투자하는 방식은 우리가 장기적으로 바라는 수익을 보장하지 못한다. 원금 자체를 키워서 평생에 걸친 투자를 해야 하는 것이다. 그러기 위해서는 '잃지 않는 것'에 집중해 시장의 변동성에도 안정적인 수익을 낼 수 있는 방법이 필요하다.

만약 지금까지 여유자금으로 높은 수익률을 바라는 투자에 골몰했다면, 이제는 투자에 대한 발상을 전환해야 할 타이밍이다.

월급을
자산으로 바꿔라

최근 들어 TV, 신문 기사를 비롯한 다양한 언론매체에서 심심찮게 들려오는 말이 있다.

"월급만 믿고 있다가는 벼락거지가 될 수 있다."

벼락부자도 아니고, '벼락거지'란 단어가 세간에 자주 오르내리는 이유는 간단하다. 그만큼 최근의 한국 경제가 극과 극의 양상으로 부자와 빈자를 양산하고 있기 때문이다. 코로나19로 인한 경기 침체를 막기 위해 한국은행이 금리 인하를 단행하자 부동산, 주식 등의 자산 가격이 치솟기 시작했다. 그 결과 부동산, 주식시장에 투자했던 사람들 중에 벼락부자라 불릴 만큼 대박을 맞은 이들이 심심찮게 등장했다. 반면, 투자를 망설였던 사람들은 아무런 수혜를 보지 못할 수밖에 없었다.

문제는 상대적인 박탈감에서 끝나는 게 아니라, 투자에 나서지 않고 단지 근로소득과 은행의 예적금만 믿고 있던 이들의 삶이 실제로 가난해지고 있다는 데 있다.

투자의 유무에 따라
인생이 완전히 달라질 수 있다.

이런 사례는 주위에서 흔하게 목격된다. 회사원 A(34세, 남)는 1년 전 결혼하며 신혼집으로 서울 시내에 전세를 마련했다. 집을 장만하고 싶었지만 구입하기에는 5,000만 원이 모자랐다. 직장생활을 하며 모아놓은 돈도 결혼하느라 다 쓰고, 정년퇴임 후 별다른 소득 없이 연금으로 살고 계신 부모님께 손을 벌리는 것도 염치가 없었다. 결국 내 집 마련을 하려면 대출을 받아야 했는데, 이자 감당에 고민하던 A는 여자친구와 상의 끝에 전셋집을 얻기로 했다.

반면, 비슷한 시기에 결혼한 직장 동료 B(33세, 남)는 "빚을 내서라도 자기 집에서 살아야 한다"는 양가 어른들의 말에 부담스럽지만 대출을 받아 서울 변두리에 작은 아파트를 마련해 신혼살림을 차렸다.

정확히 1년이 흐른 현재, 두 아파트의 매매가는 2억 원이 넘게 올라버렸다. A는 앞으로 전세 재계약을 하려면 집주인에게 얼마를 더 올려줘야 할지 앞이 막막한 상황이다.

2부 어떠한 상황에도 흔들림 없는 투자 전략

결과적으로 같은 해 회사에 입사해 연차도 같고, 직책도 같아 연봉도 거의 동일함에도 불구하고, 자산에 투자했는지 아닌지에 따라 A와 B의 상황은 완전히 달라졌다.

주식시장도 마찬가지다. 폭등한 부동산시장에 참여하기에는 자금이 부족해 마지막 희망을 걸고 주식시장에 투자했다가 엄청난 수익을 본 이들이 생겨난 것이다. 반대로 코로나19 초기의 폭락장에 서둘러 주식을 매도하고 시장에서 빠져나와 큰 손실만 보거나, 주식시장의 불확실성에 투자 자체를 주저하다가 상승장의 수혜를 전혀 보지 못한 이들도 많다. 어떻게 투자를 했느냐가 이후의 삶에 큰 변곡점이 되고 있는 것이다.

현금 가치 하락이 불러온 자산 가격 상승

문제는 자산 가격의 상승이 앞으로도 꾸준히 계속될 가능성이 높다는 데 있다. 무엇보다 자산 가격 상승이 실물 경기의 상승으로 인한 결과가 아니라는 점이 문제다. 만약 자산 가격의 상승이 실물 경기의 상승 때문이라면, 개인의 근로소득(급여)도 연동해 늘면서 마치 1980년대의 대한민국처럼 다 같이 잘살게 될 것이다. 따라서 '벼락거지'라는 말을 쓸 일이 없다.

그러나 현재의 상황은 어떠한가. 실물 경기는 오히려 하락하고 있다. 경기가 침체되고 있는 것이다. 주위를 둘러보면 소득이 줄어들거나 고용 불안에 시달리는 이들이 늘어나는 게 현실이다. 그에 비해 부동산, 주식 등으로 자산 가격이 상승해 큰돈을 번 사람들도 늘어나고 있다. 벼락부자와 벼락거지가 동시에 생겨나고 있는 것이다. 그렇다면 왜 이런 양극단의 상황이 벌어지게 된 것일까?

그 원인은 전 세계적으로 실물 경기가 하락하면서 각국 정부가 경기 침체가 지속되는 것을 방지하기 위해 계속 돈을 찍어내고 있기 때문이다. 당연히 이렇게 계속 돈을 풀면 현금의 가치는 떨어지게 되고, 그만큼 자산 가격은 상승하게 된다.

즉, 현금을 들고 있는 사람은 현금의 가치가 계속 떨어지기에 '벼락거지'가 되고, 현금을 투자해 자산을 산 사람은 '벼락부자'가 되는 것이다.

• 실물 경기 하락으로 나타나는 변화 •

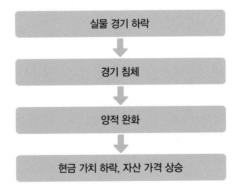

2부 어떠한 상황에도 흔들림 없는 투자 전략

문제는 실물 경기가 단기간에 회복되지 않을 가능성이 높다는 데 있다. 백신이 개발되었다고는 하지만 좀처럼 잠잠해지지 않는 코로나19도 전 세계 실물 경기 회복 속도를 더디게 하는 요인이다.

결국, 현금을 보유하고 있을수록 마이너스일 수밖에 없으니 은행에 넣기보다는 늦기 전에 자산에 투자해야 한다.

월급만으로는 부자는커녕 노후도 불안하다

앞서 이야기한 A가 투자를 통해 자산을 모으지 못한 채로 30년 뒤 은퇴한다고 상상해보자. 은퇴 후 따로 소득이 없다는 가정 아래 문화생활 같은 풍요로운 생활이 아닌, 생존의 관점에서 최소한의 생활을 유지하려면 어느 정도의 금액이 필요할까?

연구 기관마다 차이가 조금씩 있지만, 대략 6억 원 정도가 수중에 있어야 한다고 말한다. 이 금액은 말 그대로 의식주를 영위하기 위한 최소한의 금액일 뿐이다. 여기서 인간다운 삶, 즉 배우자 혹은 친구들과 영화나 골프, 여행 같은 취미 생활도 즐기고 싶다면 어떨까? 하고 싶은 일이 하나씩 늘어날 때마다 필요한 노후 금액은 가파르게 상승한다.

하지만 현재 우리나라의 가구당 평균 순자산은 3억 6,287억 원에 불과하다. 대략 2억 3,000만 원이 부족한 셈이다. 은퇴 후에는 지금과 같은 수준의 소득을 얻기 힘들고, 건강 문제 등으로 쓸 돈은 늘어날 수밖에 없으니 결국 노인 파산을 맞이할 가능성이 높을 수밖에 없는 것이다.

문제는 그뿐만이 아니다. 2020년 현재 우리나라의 평균 수명은 83.5세(남성 80.5세, 여성 86.4세)이지만, 2030세대가 노년을 맞을 즈음에는 100세 가까이 될 전망이다. 심지어 일부 의료계에서는 지금 태어나는 아이들은 평균 수명 150세까지 살 수 있다는 말까지 나올 정도다. 하지만 인간 수명의 연장이 무조건 반길 만한 일일까?

수명이 늘어나는 만큼 전 생애를 통틀어 지출해야 할 비용(생애 지출)도 늘어날 수밖에 없다. 하지만 전 생애를 통틀어 벌어들일 소득(생애 소득)이 그에 비례해 늘어나지는 않는다. 수명이 길어졌어도 정년은 비슷하거나 오히려 더 빨라졌다. 실제로 현재 우리나라 인구의 37%는 노인 빈곤 상황이 닥칠 것으로 추정된다.

• 가구의 경제 상황 •

(단위: 만 원)

	순자산 (A-B)	자산(A)	부채(B)	처분가능소득 (C-D)	소득(C)	비소비지출 (D)
2019년	35,281	43,191	7,910	4,729	5,828	1,098
2020년	36,287	44,543	8,256	4,818	5,924	1,106
증감률	2.9%	3.1%	4.4%	1.9%	1.7%	0.7%

출처: 통계청

주: 자산·부채·순자산은 조사 연도 3월 말 기준, 소득·지출은 전년 기준 자료임.

2부 어떠한 상황에도 흔들림 없는 투자 전략

우리보다 앞서 고령화사회로 접어든 일본의 경우, 이미 노인 빈곤과 노인 파산 문제를 심각하게 겪고 있다. 몇 년 전 일본의 공영방송인 NHK에서 이에 대한 다큐멘터리를 방영했는데 필자가 특히 놀랐던 것은 일본의 교도소 실태를 보여주는 장면이었다. 재소자 중 노인의 비율이 갈수록 늘어나고 있었던 것이다.

현재 일본은 전체 범죄율이 떨어지고 있는 상황에서 60대 이상의 고령층 범죄가 늘고 있는 이유는 경제적 곤란에 생계형 범죄를 저지르는 노인들이 늘었기 때문이다. 프로그램을 보면 교도소에서 출소한 노인이 얼마 후 다시 범죄를 저지르고 들어온다. 밖에서는 먹을 것이나 잘 곳이 해결이 안 되니 차라리 범죄를 저지르고 교도소에 들어가 숙식을 해결하다가 생을 마감하려는 것이다.

일본은 우리나라보다 훨씬 이전부터 고령화사회를 준비하고 막대한 예산을 투입하고 있는데도 이런 참혹한 현실이 발생하고 있는 것이다.

그렇다면 우리는 어떨까? 우리 사회의 노인 빈곤 문제는 일본의 경우보다 더 심각하다. 한국경제연구원의 연구 결과에 따르면 2018년 기준 노인 빈곤율은 무려 43.4%에 달했다. 노인 10명 중 4명 이상이 지금 이 순간, 빈곤에 시달리고 있는 것이다. 이 수치는 OECD 평균 14.8%보다 3배 가까이 높은 수치다.

게다가 노인 빈곤율은 해가 갈수록 더 심각해질 전망이다. 우리나라의 고령화 속도는 OECD국가의 평균인 2.6%보다 2배 가까이 높은 4.4%에 달한다. 현재 추세대로라면 2041년에는 인구 3명 중 1명이 노인인 나라가 될 예정으로, 국가가 노인 문제를 해결하기에는 불가능한 상태가 되는 것이다. 2030세대의 노후준비를 위한 투자가 절실한 이유다.

이처럼 노동소득은 늘어나지 않고, 현금 가치는 갈수록 줄어드는데, 앞으로 살아가야 할 노후를 위해 지출은 더 늘어나는 삶을 상상해보라. 월급에 만족하며 여유자금을 1%대 금리의 은행에 맡기는 자산관리는 당장의 생활뿐만 아니라, 은퇴 후의 수십 년 삶을 스스로 포기하는 것과 마찬가지임이 자명해진다.

전 재산을 걸고
투자해야 하는 이유

우리가 힘겹게 벌어들인 노동소득(월급)을 은행에 넣어둘수록 거꾸로 손해를 본다는 것은 이제 명확해졌다. 미래의 노인 파산은 차치하고 가까운 미래에 돈으로 고민하는 생활을 줄이기 위해서라도, 힘들게 번 돈을 어떻게든 잘 굴려야 한다. 그렇다면 어떤 자산에 투자를 해야 할까?

부동산은 오를 대로 오른 상태라 초기 투자액이 너무 높다는 게 문제다. 결국 적은 돈으로 시작할 수 있는 투자처는 주식시장밖에 없다. 이때 반드시 기억해야 할 투자 원칙이 있다.

전 재산을 투자할 수 있어야 한다.

처음 이 말을 들으면 100명 중에 99명은 깜짝 놀랄 것이 분명하다. 최근의 폭등장에서 '영끌'이나 '빚투'하는 이들이 늘어났지만, 여기서 전 재산을 투자하라는 말은 '영끌'이나 '빚투'를 이야기하는 것이 아니다. 전 재산을 굴릴 수 있을 정도로 '지키는 투자'를 하라는 뜻이다.

생각해보자. 주식투자를 하는 대다수는 '여유자금'으로 투자하면서 2, 3배 불려 부자가 되기를 바란다. 투자금의 일부를 잃어도 괜찮다고 생각해 폭등 랠리에 올라타는 등 과감하게 투자한다. 그러나 이렇게 여유자금으로 단기간에 큰 수익을 올리길 바라는 것은 도박장에서 돈을 걸고 대박을 노리는 투기 행위와 다를 바 없다.

게다가 이런 방식의 투자로는 결국에는 돈을 벌기보다 돈을 잃게 될 가능성이 크다. 그런데도 대다수의 투자자가 이런 방법으로 투자를 하고 있으니 전 재산을 걸고 투자를 해야 한다고 말하면, 위험천만한 행동으로 오해하는 것이다.

전 재산을 투자해야 하는 이유는 부동산과 주식의 투자 구조를 비교해보면 확실히 알 수 있다.

부동산으로 돈을 벌고, 주식으로는 돈을 못 번다?

우리는 보통 부동산 투자는 불패라는 인식을 가지고 있다. 실제로도 부동산 투자는 많은 이들에게 효과적인 투자처가 되어 준 것이 사실이다. 그렇다면 부동산 투자로 돈을 벌 수 있는 이유는 무엇일까? 투자의 거시적인 측면에서 살펴보면 이는 아주 당연한 일이다.

첫째, 부동산 투자는
자기 자산의 레버리지까지 걸어 투자하는 구조다.

둘째, 부동산 투자는
유동성이 떨어져 장기투자를 할 수밖에 없는 구조다.

정리하면, 부동산이 돈을 버는 이유는 투자하는 자금의 규모가 크고, 투자 기간도 길기 때문이다. 이게 바로 부동산으로는 돈을 벌 수 있는 가장 큰 이유다. 이를 반대로 생각하면 주식으로 돈을 못 버는 이유가 되기도 한다. 투자하는 자금 자체도 적고, 투자 기간도 짧기 때문이라는 말이다.

흔히 한국의 부동산과 주식 양대 시장의 대장주라 불리는 서울 강남의 대치동 은마아파트와 삼성전자 주식을 비교해보자. 2019년

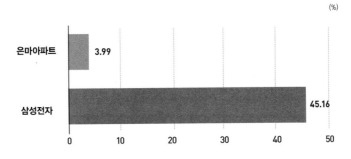

• 은마아파트 vs. 삼성전자 수익률 비교 •

(%)

은마아파트   3.99

삼성전자   45.16

0   10   20   30   40   50

자료: 한국거래소, KB국민은행
주1: 2019년 말 대비 2020년 상승률

종가 대비 2020년 삼성전자의 수익률은 45.16%를 기록했다. 같은 기간 은마아파트는 수익률이 3.99%밖에 오르지 않았다. 수익률로만 놓고 보면 게임이 되지 않는다. 객관적인 지표를 봐도 주식의 평균수익률이 부동산보다 훨씬 높다.

그러나 앞서 이야기했다시피 부동산은 투자액이 큰 반면, 주식은 투자액이 적다는 데 문제가 있다. 삼성전자의 수익률이 아무리 높아도 투자액에서 차이가 나기 때문에 결과적으로 은마아파트의 수익이 높을 수밖에 없는 것이다.

반면 주식은 어떤가? 불과 몇 퍼센트만 오르고 내려도 매매를 해야 하는지 고민한다. 폭락의 공포와 수익 실현 욕구에 좀처럼 주식을 보유하기 힘들다. 특히 개별 기업에 투자하는 형태는 더욱 심각할 수밖에 없다. 하루하루 등락을 거듭하는 주식 그래프 앞

2부 어떠한 상황에도 흔들림 없는 투자 전략

에서 평상심을 유지할 수 있는 투자자가 얼마나 될까?

결국 꾸준히 보유만 해도 수익을 올릴 수 있음에도, 심리적인 요인으로 인해 주식투자로는 돈을 벌지 못할 가능성이 높아지게 된다.

결과적으로 주식으로 부동산처럼 돈을 벌지 못하는 이유는 기본 투자액이 부동산보다 상대적으로 적으며, 장기 보유가 힘들기 때문이다.

주식도 부동산처럼
전 재산을 걸고 평생을 투자할 수 있어야 한다.

주식시장에서 작은 단위의 여유자금으로 투자해봤자 아무리 수익률이 높아도 실질적으로는 큰 수익을 내기 힘들다. 설사 단기적으로 수익을 보더라도 장기적으로는 꾸준히 수익을 내기 힘들기 때문에 결국에는 수익이 제로가 되는 경우 또한 허다하다.

정리하면, 주식시장에서 돈을 벌기 위해서는 부동산 투자처럼 원금 자체를 키워서 투자해야 한다. 여유자금으로 '따면 좋고 잃어도 그만'이라는 생각으로 투자하는 것이 아니라, 내가 가진 유동자금 전체를 걸 수 있어야 한다.

이런 생각의 변화가 우리를 부자로 만들어줄 수 있다. 실제로 부동산에 투자하며 잃을 수 있다고 생각하는 투자자가 얼마나 있을까? 그런데 왜 주식시장에서는 잃을 수도 있다고 당연히 생각할까? 주식시장의 불확실성 때문이라고 쉽게 답해서는 절대 안 된다. 이런 마인드 자체가 돈을 잃을 수도 있다는 투기적인 요소를 인정하는 것이다.

오히려 내 전 재산을 투자하는 것이므로 절대 잃어서는 안 된다고 마음먹어야 한다. 그렇다면 지금부터 잃지 않는 투자를 하려면 어떻게 해야 하는지 알아보자.

절대적으로
지키는 투자를 하라

          내 전 재산, 정확히 말하면 유동자산 전체를 주식이나 채권 등의 자산에 장기적으로 투자해야 한다고 강조해도 쉽게 수긍하지 못하는 이유는 무엇일까? 간단하다. 불안하기 때문이다.

    주식시장은 예측이 불가능하다. 주식시장에 내 전 재산을 넣는 것은 내 삶을 거대한 변동성에 휘말리게 만드는 것과 같다. 그렇기 때문에 반드시 명심해야 할 것이 있다.

    <u>투자의 목적을 잃지 않는 것에 집중한다.</u>

    예측 불가능한 시장에서 전 재산을 주식시장에 넣기 위해서는

투자의 목표를 '높은 수익률'에 두어서는 안 된다. 수익률과 위험성은 비례한다. 높은 수익률을 기대한다는 것은 그만큼 나의 자산을 잃을 가능성을 높이는 일이다. 목표를 높은 수익률이 아닌, 잃지 않는 투자에 두어야 하는 이유이다.

그러나 주식시장에서 잃지 않는 투자가 가능한 것인지 의아해하는 독자들이 있을 것이다.

> 여기서 잃지 않는 투자란,
> 주식시장의 변동성에도 흔들림이 적은
> '안정성' 높은 포트폴리오를 만들어 투자하는 것을 의미한다.

잃지 않는 투자로는 큰돈을 벌기 어렵지는 않을까 하는 의심도 가능한데, 잃지 않은 투자만으로도 연 7, 8%의 꾸준한 수익률을 장기적으로 내게 된다면 복리 효과를 통해 자산을 불릴 수 있다.

그렇다면 잃지 않는 투자법에는 어떤 것이 있을까?

첫째, 한 국가가 아닌, 글로벌 지수에 투자해야 한다. 시장의 불확실성을 피하는 가장 대표적인 방법은 개별 기업에 투자하는 것이 아니라 국가지수, 개중에서도 가장 건강한 국가지수라고 불리는 미국의 S&P500지수, 우리나라의 코스피200지수에 투자하는 것이다. 특히 S&P500지수 혹은 코스피200지수와 상관관계가 낮

• S&P500지수와 코스피지수의 수익률 추이 그래프 •

자료: investing.com

은 지수에 함께 투자하면 국가 이슈로 인한 폭락장에서의 손실을 줄일 수 있다.

물론 2020년은 코로나19 사태로 인해 대부분의 주요 국가들의 GDP가 떨어진 역사적인 해가 됐지만, 이런 사태는 말 그대로 예외적인 상황일 뿐이다. 결국 투자란 내 돈을 자본시장에 맡기는 것인데, 자본의 속성상 GDP는 계속 오를 수밖에 없기 때문이다. 악재는 일시적이며, 자본시장은 꾸준히 성장한다는 것을 명심해야 한다. 따라서 변동성을 예측하기 어려운 개별 기업이 아닌, 자본시장의 성장과 함께 움직이는 국가지수에 투자해야 잃지 않는 투자를 할 수 있다.

둘째, 자산을 배분해야 한다. 코로나19 사태 초기를 기억해보자. 한 달 만에 무려 30%가 하락했다. 코스피가 1,400대로 곤두박질 쳤는데 600, 700까지도 떨어진다는 전망이 곳곳에서 터져 나왔다. 2008년 금융위기 사태에는 68%가 하락했다. 만약 주식시장에 10억 원을 투자했는데, 60%가 빠져서 6억 원이 증발했다면 어떻게 될까? 개인으로서는 절대 정신을 차릴 수가 없을 것이다. 결국에는 시장의 회복을 기다리지 못하고 막대한 손해를 감수한 채 손절할 수밖에 없게 된다.

이러한 폭락장을 견디기 위해서는 개별 기업 주식 외에 채권이나 원자재 같은 상관관계가 낮은 자산에 분산해서 투자해야 한다. '달걀을 한 바구니에 담지 마라'라는 말이 있듯이 자산을 배분하고 변동성을 낮춰 손실에 대비하는 투자가 필요하다.

돈을 버는 것보다 잃지 않는 게 중요하다

물론 이러한 자산배분은 폭등장에서는 큰 수익을 얻지 못한다. 그러나 다시 한 번 강조하지만, 내가 얼마큼 버느냐에 중점을 두는 것이 아니라, 내 자산을 잘 지키며 꾸준히 수익률을 내는 것에 중점을 둬야 한다. 수익률에 집중하는 것이 아니라, 스스로 어느 정도의 리스크를 감내할 수 있는지를 알고, 최대한 리스크를 분산

• 포트폴리오 배분 예시 •

시키는 것에 집중해야 한다.

　　　투자에 대한 관점을 '리스크 관리'에 두는 것.

　이것이 바로 고액자산가들의 투자법이다. 고액자산가들은 기본적으로 돈을 버는 것보다 잃지 않는 것에 집중한다. 그러면서 천천히 불려 나가는 것에 집중한다. 그러기 위해서 자산을 배분한다. 개별 기업에 자산 전체를 100% 투자하는 것이 아니라, 주식, 채권, 금, 부동산 등의 투자 비율을 나눈 포트폴리오를 구성하는 것이다.

　물론 자산배분 과정에서 수익률은 낮아질 수밖에 없다. 분산투자를 했기 때문이다. 그러나 폭락장이 왔을 때를 생각해보자. 자산배분의 목적 자체가 폭락장에서 손실을 줄이려고 한 것임을 상기할 필요가 있다. 이렇게 '한 방'에 대한 꿈을 좇지 않는 대신 '장기적으로 자산을 모은다'는 목표로 투자한다면, 분산투자를 통해 안정적인 수익률을 충분히 만들어낼 수 있다. 문제는 이 수익률에 만족하지 못하는 투자자들이다.

앞에서도 살펴봤듯이 자산배분을 한 올웨더포트폴리오의 평균수익률은 7.82%이다. 2019년 필자가 대표로 있는 로보어드바이저 기업의 자산배분을 통한 투자 평균수익률은 8.5%였다. 주식투자로 2~3배의 수익을 기대하는 이들에게는 연 7~8%의 수익률이 적게 느껴질 것이다.

그러나 연 7~8%의 수익률은 불패 신화가 더욱 공고해지고 있는 부동산 투자 수익률과 비교해도 결코 적지 않은 수준이다.

예를 들어, 강남을 대표하는 아파트 중 하나인 압구정 현대아파트 수익률과 비교해보자. 압구정 현대아파트는 일종의 부동산 대장주로, 지난 10년 동안 2배 정도 가격이 올랐다. 누구나 부러워할 만큼 엄청난 수익을 낸 것이다. 그러나 이를 연평균 수익률로 따지면 6.8%에 불과하다. 100만 원 투자해서 7만 원 정도 오른 셈인데, 2, 3배 수익을 올리려고 위험 투자를 하는 주식투자자의 입장에서는 이마저도 성에 안 차는 수익률이 분명하다.

그러나 예를 들어 연평균 7%의 수익률로 1억 원을 10년 투자하면 자산은 대략 2배가 된다. 20년을 굴리면 4배가 되고, 30년이면 8배가 된다.

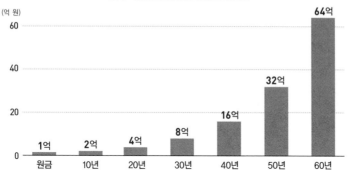

만약 30대 초반에 1억 원을 모아서 이를 계속 투자할 수 있다면, 은퇴할 30년 뒤에는 8억 원 정도의 돈을 모을 수 있으며, 은퇴 뒤에도 꾸준히 불려 나가면 풍족한 노후를 보낼 수 있다는 뜻이다. 처음에는 돈이 불어나는 것이 느껴지지 않지만, 시간이 흐를수록 액수가 눈덩이처럼 불어난다. 이게 바로 복리의 마법이다.

현재 20억 원의 아파트를 구입해 30년 뒤 160억 원이 되기를 기대하는 사람은 없을 것이다. 그런 점에서 자산배분을 통한 7~8%의 연 수익률은 장기투자를 하기에 좋은 투자 방법이다.

정리하면, 7% 수익률에 대해 부족하다고 생각하는 것 자체가 잘못된 생각이다. 오히려 연 7~8%의 수익률을 목표로 안정적으로 꾸준히 잃지 않는 투자를 하면 부동산에 투자할 때보다 더 막대한 수익을 얻을 수 있다는 것을 알아야 한다.

급격한 변동성에
흔들림 없이
투자하는 방법

주식에 관심 있는 사람이라면 누구나 피터 린치(Peter Lynch)의 '마젤란 펀드'를 한 번쯤 들어보았을 것이다. 마젤란 펀드는 세계 최고의 수익률을 자랑하는 펀드 중 하나이다. 월가의 전설인 피터 린치는 1977년부터 1990년까지 13년 동안 마젤란 펀드를 운용하며 무려 2,703%의 엄청난 수익률을 기록했다. 당연히 마젤란펀드에 투자한 사람은 누구나 부자가 되었으리라 상상하기 쉽다.

그러나 놀랍게도 마젤란 펀드의 투자자 가운데 절반 가까이는 오히려 돈을 잃었다. 매년 엄청난 수익률을 기록했는데, 왜 절반 가까이가 돈을 잃었을까?

답은 간단하다. 상승장에서 펀드에 가입하고, 하락장에서 손실

• 마젤란 펀드 vs. S&P500 수익률 비교 •

(%)

━━ 마젤란 펀드   ━━ S&P500지수

800

600

400

200

0

1977 1979 1981 1983 1985 1987 1989

을 보고 빠져나왔기 때문이다. 다음의 그래프를 보면 전체적으로
는 수익률이 상승곡선을 그리지만, 단기간에 큰 폭으로 하락한 구
간이 보인다. 그중에는 그 유명한 1987년 10월 19일의 '블랙먼데
이'도 끼어 있다. 단기간에 주가가 40%가 넘게 대폭락한 것이다.
이런 단기간의 폭락 구간들에서 투자자들은 공포에 질려 손실을
떠안고 펀드를 환매했다.

　반대로 상승장이 지속돼도, 전고점이나 하락에 대한 공포에 많
은 투자자가 참지 못하고 환매해버렸다.

　결국, 이 변동성을 이겨내고 꾸준히 투자했더라면 큰 이익을 볼
수 있었는데, 이를 참지 못하고 2,703%라는 기적의 수익률 버스

에 탑승하지 못한 것이다.

손실도 수익도 개인에게는 공포일 뿐이다

아직 주식투자의 경험이 없는 사람이라면 이들의 투자 행태를 보고 비웃었을지도 모른다. 그러나 주식투자 경험자라면 절대 비웃지 못할 것이다. 실제로 수익률이 좋다는 소문에 우르르 들어갔다가 수익률이 조금이라도 떨어지면 공포에 질려 우르르 빠져나오는 모습은 주식시장의 역사 이래로 변함없기 때문이다.

> 상승과 하락에 상관없이 급격한 변동성은
> 투자자의 이성을 마비시킨다.

굳이 과거의 사례를 살펴볼 필요도 없다. 최근 '테슬라'의 주식이 800%가 넘는 대박이 났다는 소식에 주식투자에 관심이 없던 사람들조차 무작정 테슬라 주식을 사들이기 시작했다. 문제는 이들 중 많은 경우가 주가가 10%만 빠져도 공포에 매도를 결정할 가능성이 높다는 것이다. 그러면 주가는 더 떨어질 수밖에 없고, 손실은 더 커지게 된다. 결국에는 상승장에 뒤늦게 추가 매수했다가 하락장에 손실을 떠안고 물러나는 것이다.

일반적으로 기업의 주식이 오르는 데는 그럴 만한 이유가 있다. 따라서 당장은 떨어지더라도 꾸준히 장기 보유하면 결국에는 다시 오르는 경우도 있다. 그러나 대세에 편승한 개인 투자자의 경우 이를 참지 못한다.

이것은 다이어트에 실패하는 원리와도 비슷하다. 맛있는 음식을 눈앞에 두고 살을 빼기가 어디 쉬운 일이던가? 결코 쉽지 않다. 결국 거식과 폭식을 반복하다가 요요현상에 건강만 망칠 가능성이 높다. 주식을 꾸준히 들고 있지 못하고, 쉬지 않고 사고팔다가 결국에는 아무것도 남는 게 없는 꼴이다.

다이어트를 위해서는 올바른 식습관부터 만들어야 하듯이, 주식투자에 있어서도 한 종목 한 종목 개별 주식에 집중할 것이 아니라, 자신의 투자 성향을 먼저 파악하여 지킬 수 있는 투자 습관부터 만들어야 한다.

우선, 내가 얼마만큼의 손실에도 흔들리지 않을 수 있는지부터 파악하는 것이 중요하다. 마찬가지로 어느 정도의 수익과 손실에도 흔들리지 않고 기다릴 수 있어야 한다. 매매 타이밍과 수익률을 생각하는 대신, 20년, 30년 장기 보유하며 회사를 소유한다는 개념으로 주식투자 습관을 바꿔야 한다.

시장의 변동성에 개인이 얼마나 대처할 수 있을까?

어느 정도의 손실까지 흔들리지 않을 수 있는지, 어떻게 하면 안심하고 투자할 수 있을지, 매매 타이밍을 잡지 않고 월급날에 미리 정해둔 투자금을 투자할 수 있을지, 올바른 투자 습관을 만들기 위해서는 결국 내가 투자를 알아야 한다. 주식시장을 제대로 이해하고 있어야 주식시장의 급격한 변동에도 흔들리지 않고 자산을 지킬 수 있기 때문이다.

문제는 개인투자자가 주식시장을 모두 이해하는 것이 현실적으로 어렵다는 데 있다. 주식시장을 공부하려면 당연히 주식을 잘 알아야 하지만, 채권도 잘 알아야 하고, 원자재도 잘 알아야 하고, 자산을 배분하는 방법도 알아야 하는 등 거의 모든 영역을 잘 알아야 한다. 우스갯소리로 이 모든 영역을 전문적으로 잘 안다는 사람이 있다면 전문가보다는 사기꾼에 가까울 것이다. 하나도 잘 알기 힘든데, 어떻게 모든 것을 알 수 있겠는가?

결국 투자기관이나 증권회사의 전문투자자, 혹은 소위 말하는 재야 고수 몇몇을 빼고 개인투자자들이 변동성이 큰 주식시장의 전체 흐름을 파악하기가 너무 어려운 게 현실이다. 설사 다양한 공부와 실전 투자 경험을 통해 전문지식을 쌓는다고 해도 급변하는 시장의 변동성에 기민하게 대처하는 게 쉽지 않다. 실제 많은 개인투자자들이 큰 수익을 내다가도 결국 큰 손실을 보는 것도 이러한 이유 때문이다. 시장의 흐름을 매번 맞추기가 힘든 것이다.

그럼에도 불구하고 지금 이 순간에도 많은 개인투자자들이 미래를 예측하며 개별 기업에 올인하여 투자하고 있다. 급변하는 변동성에 몸을 맡긴 채 여전히 위험한 투자를 하고 있는 것이다.

5장

멀리 보는
투자 시나리오
만들기

급변하는 주식시장에 휩쓸리지 않기 위해서는 튼튼한 닻이 필요하다. 투자에 대한 잘못된 편견들에서 벗어나, 내 투자 성향이 어떤지 정확히 파악해서 나만의 투자 원칙과 철학을 세워야 한다.

내가 하고 있는 투자가 말 그대로 투자인지 투기인지부터 명확히 판단해야 한다. 무리한 대출을 받으며 스스로 감내할 리스크를 초과하는 것은 투자가 아닌 투기일 뿐이다.

투자에 대한 발상을 전환하라. 어려운 투자에서 쉬운 투자로의 변화를 경험하게 될 것이다.

투자에
신념이 필요한 이유

2020년 코로나19 사태로 한국 사회는 급격한 변화를 맞이했다. 언택트(Untact)로 대변되는 급격한 사회 변화는 특히나 변화에 민감한 투자시장에 큰 영향을 끼치고 있다. 부동산시장은 연일 고점을 돌파하고 있으며, 주식시장 역시 개장 이래 처음으로 3,000선을 넘으며 활황을 이어가고 있다.

이런 상황에 벼락부자가 된 사람이 있는 반면, 반대로 폭락을 예측해 인버스 상품 심지어 곱버스 상품에 투자해 쪽박을 찬 투자자들도 있다. 그런가 하면 투기적 성격이 강한 비트코인은 천장이 어디인지 모를 정도로 치솟았다가 수천만 원씩 폭락과 폭등을 반복하고 있다. 사회 전체가 급격히 변화하면서 다양한 자산시장에 투기적 광풍이 몰아치고 있는 것이다.

투기와 투자를 명확히 구분하라

그러나 지금은 급변하는 주식시장의 공포를 피하기 위해 투자를 회피하기보다 오히려 투자를 실행하고 확대해야 할 때라는 것이다. 갈수록 노동소득 대비 자산소득의 비율이 높아지기 때문에 투자하지 않으면 그만큼 상대적으로 빈곤해질 가능성이 높다.

시장의 급격한 변화에 휩쓸리지 않으려면 투자를 시작하기 전에 투자의 본질을 먼저 파악하고, 자신만의 투자 원칙과 철학을 정립해야 한다. 무엇보다 현재 내가 하는 투자가 말 그대로 투자인지 아니면 투기인지부터 명확히 판단해야 한다.

투자란 무엇인가? 일정 기간 내가 벌어들일 수 있는 확정 소득을 미래에 더 큰 수익을 가져다줄 자산으로 전환하는 과정이다. 이러한 투자는 부동산, 주식, 채권, 원자재, 금, 식량, 미술품 등 인간이 소비하는 거의 모든 물건은 투자 대상이 될 수 있다. 반면, 투기란 단기간에 발생하는 가격 변동으로 얻을 수 있는 차익을 얻으려는 행위다.

2020년 3월 19일 코로나19 사태로 1,400대까지 폭락했던 코스피지수는 불과 두 달 만에 2,000선을 회복하고 2021년 1월 6일 급기야 3,000선을 뚫었다. 이런 롤러코스터 장세 속에서 주식으로 큰 수익을 얻은 투자자들이 많아졌는데, 문제는 언제까지고 이런 상승장이 지속되지는 않는다는 것이다. 당장 내일부터 조정장이 시작될지도 모르는데 이때부터가 문제다. 폭등장을 한 번 경험했기에 낮은 수익률은 눈에 보이지도 않는다. 그리고 이전의 수익률을 얻기 위해 갈수록 고위험 상품이나 투기성 강한 주식에 집중하게 된다. 하나에 올인하여 내일이라도 크게 터지기만을 기다리는 '한방'을 노리는 것이다. 특히나 무리한 대출까지 받으며 스스로 감내할 수 있는 리스크를 초과하는 모습도 심심찮게 주위에서 목격되고 있다.

무작정 따라 하기 식 투자의 위험성

최근까지 우리 국민들의 최고 관심 투자처는 부동산이었다. 대부분의 가정에서 자산을 형성하는 데 있어 부동산이 큰 몫을 차지했다. 주식은 도박일 뿐이라며 고개를 젓는 이들도, 부동산은 들고 있으면 언젠가는 값어치가 오른다는 확고한 믿음을 가지고 있다. 기획부동산 사기와 같은 범죄에 속지 않는 이상, 부동산은 말 그대로 필승 공식처럼 통했다.

이렇게 투자자들이 부동산 투자를 신뢰하는 주된 이유는 부동산시장은 대부분 투명하게 정보가 공개된 시장이라는 데 있다. 부동산 가격의 결정 요인인 입지, 학군, 주변 인프라 등은 직접 발품을 팔기만 해도 쉽게 파악할 수 있고, 부동산 관련 앱은 어느 지역이 인기인지 실시간으로 알려준다. 관심만 있으면 다른 투자자들과 비슷한 수준의 정보를 충분히 획득할 수 있는 시대이다.

반면, 주식시장은 정보의 불균형이 만연하다. 개인투자자가 기업의 내부 정보까지 자세히 알기란 쉽지 않다. 또한 개별 종목의 가격에 영향을 미치는 요인도 정형화되어 있지 않고, 시장 참여자도 외국인, 기관 등 각양각색이다 보니 정보의 비대칭이 극대화되어 나타난다. 그만큼 투자의 위험성이 높은 시장인 것이다.

그럼에도 불구하고 높은 수익률을 좇아 심지어 '영끌'이나 '빚투'까지 내서 주식시장에 진입하는 일반인들이 폭증하고 있는 게 최근의 상황이다. 문제는 그중 많은 이들이 제대로 된 정보가 아닌 대세에 편승한 투자를 한다는 것이다.

심지어 금리와 환율에 따른 주식의 상관관계나 자본시장의 기본적인 금융 용어조차 모르는 투자자들도 쉽게 눈에 띈다. 달러 상승이 원화의 가치에 어떤 영향을 끼치는지조차 알지 못하는 이들이 원금을 모두 잃을 수도 있는 위험한 시장에 무작정 투자하고 있는 것이다.

이처럼 기본적인 공부조차 하지 않고 일확천금을 꿈꾸며 주식시장에 진입하는 것만큼 위험한 일은 없다. 투자에 앞서 우선 주식시장에 대해 공부하고 경기 흐름을 파악해야 한다. 투자를 해도 좋은지 아닌지를 옳게 파악할 수 있는 최소한의 과정을 거쳐야 하는 것이다.

결국, 단기적인 주가 변동에 연연할 것이 아니라 망하지 않고 꾸준히 성장할 만한 기업과 시장에 투자해야 한다. 그리고 그런 투자처를 찾았다면 확신을 가져야 한다. 20~30% 마이너스가 나도 팔지 않고 꾸준히 장기투자할 수 있는 안목 또한 필요하다. 무엇보다 투자 전에 반드시 자신에게 다음과 같이 물어야 한다.

<u>"이 투자에 대한 나의 신념은 무엇인가?"</u>

수익을 원한다는 것은 결국 나만의 투자 신념과 철학을 하나씩 세우고 실천하는 과정에서 얻을 수 있는 결과물임을 기억해야 한다.

투자에 대한
잘못된 편견들

주식투자에 앞서 자신만의 투자 원칙을 세우는 것이 왜 중요한지 설명했지만, 실제 주식투자를 해봤다면 급등락이 거듭되는 시장에서 원칙을 지키는 일이 어려운지 알 것이다. 특히 투자에 대한 잘못된 편견은 원칙을 지키는 데 방해가 된다. 이 장에서는 주식투자를 할 때 경계해야 할 잘못된 편견에 어떤 것들이 있는지 살펴보자.

주식은 매매 타이밍 싸움이다?

흔히 대다수의 투자자들은 주식투자에서 가장 중요하면서도 가장 어려운 것을 매매 타이밍이라고 말한다. 주식은 쌀 때 사서 비쌀 때 팔아야 최대한 수익을 얻을 수 있는데, 최선의 매매 타이밍을 잡기가 너무 어렵다는 것이다.

실제로 저점에 대한 잘못된 예측과 상승에 대한 기대로 적절한 매도 타이밍을 잃은 경우를 우리는 흔히 겪는다. 매수한 주식이 상승해도 제때 매도하지 못해 수익을 제대로 얻지 못하는 경우도 많다. 심지어 끝까지 움켜쥐고 있다가 결국 깡통 주식으로 전락하는 경우도 얼마나 많은가? 이런 어려움은 매수 타이밍을 잡는 데도 똑같이 적용된다.

결국 그 누구도 정확한 매매 타이밍을 예측할 수는 없다. 오랜 시간 투자를 해온 투자 전문가들조차 자신들의 경험과 노하우로 최선의 매매 타이밍을 잡을 뿐이다. 경험에 의해 성공 확률을 높이는 것이다.

문제는 일반 투자자들이다. 일반인이 저점 매수 고점 매도의 매매 타이밍을 잡는 것은 거의 불가능에 가깝다. 시장의 변화를 정확히 예측하는 것 자체가 불가능하기 때문이다. 사실 개별 기업의 주가를 예측하는 것은 투자 전문가에게도 힘든 일이다. 설사 크게 성과를 낸다고 해도 상당 부분이 운이 작용한다는 것을 인정해야 한다. 따라서 매매 타이밍에 대한 잘못된 생각부터 바꿀 필요가 있다.

<u>주식이란 회사의 지분, 즉 소유권을 사는 것이다.</u>

매매 타이밍을 잘 잡아서 수익을 낸다는 개념보다 좋은 기업, 가치 있는 기업의 주식을 소유한다는 관점으로 바라보아야 한다. 주식투자는 가치 있는 기업의 주식을 사모아 내 자산을 늘리는 개념이며, 회사의 성장을 통한 과실을 함께 취하는 것으로 생각해야 한다.

결국 투자 관점에서 가장 중요한 것은 투자를 대하는 마음가짐이다. 투자 타이밍이 중요한 것이 아니라, 성장 가능성이 있는 우량한 주식을 저축하듯이 매달 꾸준히 가져가는 것이 중요하다. 이것이 바로 자본주의 사회에서 불로소득을 만들 수 있는 가장 큰 왕도이다.

한국시장에서는 장기투자가 어렵다?

한국의 주식시장은 다른 나라보다 유독 단기투자의 비중이 높다. 실제로 많은 주식투자자들이 우리나라 주식시장만큼은 장기투자가 아닌 단기투자를 해야 한다고 목소리를 높이고 있다. 그러나 이것 또한 대표적인 편견이라고 할 수 있다. 단기투자를 주장하는 이들이 내세우는 요인들은 크게 몇 가지로 요약할 수 있다.

2부 어떠한 상황에도 흔들림 없는 투자 전략

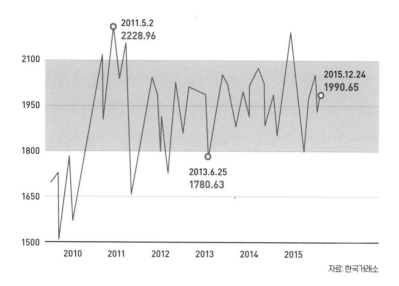

• 2010~2015년 박스권에 갇힌 코스피 •

2011.5.2
2228.96

2015.12.24
1990.65

2013.6.25
1780.63

자료: 한국거래소

우선 한국의 주식시장은 박스권을 형성하며 횡보를 거듭한다는 것이다. 실제로 2020년의 폭등장을 제외하면, 거의 10여 년 동안 2,000선에서 횡보를 거듭하는 모습을 보이고 있다.

따라서 수익적인 면에서 장기투자는 결코 매력적인 투자가 아니라는 뜻인데, 기업들의 주가가 선진국에 비해 유독 낮게 형성된 것은 부인할 수 없는 사실이다.

하지만 주가가 낮게 형성돼 있다는 것 자체가 장기적으로는 오를 수밖에 없다는 뜻이기에, 오히려 장기투자의 이유가 된다는 것은 왜 모를까?

다음으로 투자자들이 지적하는 것은 한국 증시가 외부적인 요인으로 인한 변동성이 크다는 점이다. 기본적으로 국가 간 결제의 기본이 되는 달러, 유로, 엔 등의 기축통화들은 글로벌 경제 위기에서 안전자산으로 취급된다. 반면, 기축통화의 변화에 따라 우리의 원화 가치는 요동칠 수밖에 없다. 기축통화 가치가 올라가면 원화 가치는 낮아지고, 기축통화 가치가 내려가면 원화 가치는 올라가는 것이다. 이처럼 국내 경기, 기업의 펀더멘털에 관계없이 외부 요인에 큰 영향을 받기 때문에 장기투자는 메리트가 없다는 것이다.

또한 내부적으로도 언론보도, 찌라시 등의 뜬소문에 쉽게 휘둘리는 경우가 많기에, 꾸준히 장기 보유를 해봤자 큰 수익을 얻을 수 없다고 투자자들은 주장한다.

그 밖에도 한국의 정치적인 문제, 말 그대로 북한과의 전쟁 위험이라는 엄청난 악재를 기본적으로 가지고 있다는 점도 무시할 수 없다. 아무리 뛰어난 실적을 내던 기업이라도 전쟁 한 번에 모든 것이 무너질 수 있기 때문이다.

결국 단기투자자들의 주장은 한국 시장은 위험 요소가 너무 많으며, 기업 가치를 제대로 평가하기 힘들기 때문에 장기투자를 할수록 손해를 보는 구조라는 것이다. 그러나 단기투자자들의 주장대로 우리 주식시장이 장기투자로는 별 재미를 못 보는 시장이라면, 반대로 단기투자로는 큰 재미를 볼 수 있다는 뜻인가?

단기투자의 성패는 결국 '운'의 영역에 불과하다.

물론 '초심자의 행운'으로 대박을 터뜨릴 수도 있다. 하지만 단기투자의 성공은 오히려 투자자를 위험에 빠뜨리게 될 가능성이 높다. 첫 투자에서 우연히 얻은 수익률이 자신의 실력이라 믿고 투자를 시도하게 될 텐데, 높은 리스크 속에서 계속해서 안정적인 수익을 얻을 수 있을까? 절대 그렇지 않다. 평생 투자를 해야 한다는 관점에서 볼 때, 단기투자는 오래갈 수 없는 방법이다. 오히려 원금마저 잃게 할 가능성이 높다. 이럴 때는 한국 주식시장의 한계를 인식하면서 글로벌 분산투자로 투자의 시야를 넓혀야 한다.

투자는 무조건 어렵다?

주식 매매 타이밍을 보거나 단기투자를 통해 수익률을 얻으려 하는 것은 오히려 투자를 어렵게 만드는 가장 큰 요인이 된다. 주식시장이 열리는 시간이면 본업에 집중하지 못하고 투자에 매달리게 되고, 주식시장의 움직임에 따라 하루에도 몇 번씩 일희일비하게 될 수밖에 없다.

일례로 투자가 업인 금융권에 재직하는 이들의 평균 퇴직 연령은 일반 직장인에 비해 무척 빠르다. 그중에서도 증권사의 자기자본을 운용하는 프랍 트레이더는 수명이 더 짧은데, 이유는 과중한 스트레스 때문이다. 타이밍을 통한 투자는 엄청난 스트레스를 동반한다는 것을 명확히 보여주는 것이다.

특히 극단적인 초단타 매매는 투자 자체에 중독될 위험성의 측면에서도 피해야 할 투자법이다. 투자에 중독되는 것은 실제로 도박에 중독되는 것과 신체적 반응이 유사하다. 도박을 끊지 못하는 이유는 뇌에서 분비되는 도파민의 짜릿한 쾌감을 신체가 잊지 못하기 때문이다. 단기투자 역시 주식을 사고파는 행위 자체가 도박의 쾌감과 같다. 결국 도박의 끝이 좋지 않듯 단기투자도 끝이 좋지 않을 수밖에 없다.

무엇보다 일반 투자자들에게 투자는 부업일 뿐임을 반드시 기억해야 한다. 국내 주식시장이 열리는 오전 9시는 일반적인 회사의 업무 시작 시간이다. 이들이 매매 타이밍을 살피며 단기투자에 집중한다면 자신의 본업에 소홀해지는 것은 당연하다. 실제로 요즘 직장인들은 회사 업무 시간에도 간간이 스마트폰으로 주식 거래를 해서 업무에 지장을 주는 경우를 심심찮게 목격하게 된다. 이는 결국 자신의 노동 가치를 떨어뜨리며 본업을 통해 쌓을 수 있는 승진과 같은 다양한 기회를 잃게 되는 악수가 될 가능성이 높다.

뿐만 아니라 단기투자의 실패로 한 번 크게 목돈을 잃으면 다시 회복하는 데 상당한 시간이 걸린다. 실제로 단기투자 실패로 인해

건강과 직업, 나아가 인간관계마저 잃게 되는 경우를 우리는 심심
찮게 볼 수 있다.

결국 어려운 투자, 불안한 투자는 수익뿐만 아니라 건강을 망치
는 지름길이다. 그러나 인생의 가장 핵심가치는 무엇인가? 돈도 물
론 중요하지만, 그래도 건강이 더 중요하지 않은가?

투자의 성패를 높은 수익률로 단정하고 높은 리스크와 변동성
을 감수해야 하는 개별주 단기투자에서 벗어나야 한다. 복리 효과
에 중심을 둔 자산배분을 통한 장기투자를 시작할 때다. 흥망성
쇠를 예측하기 어려운 개별 기업에 투자해서 상승과 하락에 일희
일비하는 것보다는 여러 자산을 섞어 변동성을 최소화한 자산배
분을 통해 장기투자를 한다면 본업을 지키며 저축하듯 투자를 할
수 있다.

자신의
투자 성향을
파악해야 하는 이유

주식투자에 대한 편견을 극복하고 자신만의 투자 철학을 정립했다면, 자신의 투자 성향을 파악해서 투자 전략을 세워야 한다. 자신의 투자 성향과 동떨어진 투자 전략을 세우면 경제적 손실은 물론이고 극심한 투자 스트레스가 발생해 자연히 장기투자로 이어지기 어렵다.

같은 종목을 같은 날, 같은 가격에 매수해도 투자자에 따라 수익은 천차만별인데, 이는 투자자의 투자 성향이 다르기 때문이다.

예를 들어 A는 마이너스 수익률을 기록한 순간, 원금 손실에 대한 불안감에 주식을 전량 팔아치웠다. 그러나 B는 수익률이 마이너스를 기록했지만, 저점 매수의 기회로 삼아 오히려 주식을 추가 매수했다. 그리고 기대처럼 주식이 상승하며 B는 높은 수익을 얻을 수 있었다. 이처럼 같은 주식에 투자해도 투자 성향에 따라 결과는 전혀 다르게 나타난다.

개인의 투자 성향은 일반적으로 다섯 단계로 분류하는데, 안정형, 안정추구형, 중립형, 성장형, 공격형이 그것이다. 각각의 유형에게 추천하는 자산배분 투자 포트폴리오 비율도 함께 공개하겠다.

투자 성향에 따라 자산을 배분하라

첫째, '안정형'은 수익보다 원금 손실을 회피하는 보수적인 투자 성향을 말한다. 이들은 예금 또는 적금 수준보다 조금 더 높은 수익률을 기대하는 대신 투자 원금에 대한 손실은 최소화하기를 원하는 유형이다. 보통 이들에게 추천하는 자산배분 투자 비율은 다음과 같다.

(단위: %)

해외주식 10	국내주식 10	국내채권 55	해외채권 20	유동성 5

안정형은 위험성이 높은 주식 비중이 20% 정도이고 상대적으로 안정성이 높은 채권을 70% 이상 분포했다.

둘째, '안정추구형'은 원금에 대한 손실을 최소화하는 것을 목적으로 이자소득이나 배당소득 중심의 안정적 투자를 목표로 한다. 이들은 안정형보다 단기 손실을 수용할 수 있으며, 자산 중 일부를 변동성이 높은 상품에 투자할 의향이 있는 유형이다. 이들에게 추천하는 자산배분 투자 비율은 다음과 같다.

(단위: %)

해외주식 20	국내주식 15	국내채권 40	해외채권 20	유동성 5

안정추구형은 주식의 비중이 절반을 넘지 않으면서 채권에 상당 비중을 유지하고 있다.

셋째, '중립형'은 투자에는 그에 상응하는 위험이 있다는 것을 충분히 인식하고 있으며 적당한 수익에 대한 일정 수준의 손실 위험을 감수할 수 있는 유형이다. 공격적인 투자 성향과 안정형의 중간쯤에 위치해 있다고 보면 좋다. 이들에게 추천하는 자산배분 투자 비율은 다음과 같다.

(단위: %)

해외주식 30	국내주식 20	국내채권 25	해외채권 20	유동성 5

2부 어떠한 상황에도 흔들림 없는 투자 전략

중립형은 포트폴리오에 절반 정도의 비중을 주식에 투자한다. 주식의 비중이 높아지는 만큼 위험성도 높아지지만, 국내채권과 해외채권에도 함께 투자하고 있기 때문에 예측할 수 없는 큰 하락에도 비교적 안정적으로 대응할 수 있다.

넷째, '성장형'은 투자 원금의 보전보다는 위험을 감내하며 높은 수준의 투자수익 실현을 추구한다. 투자 자금의 상당 부분을 주식, 주식형 펀드 또는 파생상품 등 위험자산에 투자할 의향이 있는 유형이다. 이들에게 추천하는 자산배분 투자 비율은 다음과 같다.

(단위: %)

해외주식 45	국내주식 20	국내채권 20	해외채권 10	유동성 5

마지막으로, '공격형'은 자산가치의 변동에 따른 손실 위험을 적극 수용하고 투자 자금의 대부분을 주식, 주식형 펀드 또는 파생상품 등의 위험자산에 투자할 의향이 있는 유형이다. 이들에게 추천하는 자산배분 투자 비율은 다음과 같다.

(단위: %)

해외주식 67	국내주식 8	국내채권 10	해외채권 10	유동성 5

성장형과 공격형 모두 주식 비중이 절반 이상으로 높으며, 상대적으로 채권의 비중은 적다. 두 성향의 포트폴리오는 시장의 변동성에 좀 더 민감하게 반응하며 변동폭이 상대적으로 크다.

현재 대한민국 주식시장에 참여하고 있는 개인투자자들 대부분이 본인의 성향에 관계없이 주식 100%로 투자를 하고 있다. 이렇게 성향에 맞지 않는 투자를 이어갈 경우, 장기적으로 투자를 이어가는 것에 극심한 스트레스를 느끼게 되고 자연히 낮은 수익률을 보일 수밖에 없다.

나는 손실을 어느 정도 감수할 수 있는가

주식은 수익은커녕 원금조차 보장해주지 않는 투자 상품이다. 오직 투자자 자신의 선택에 의한 결과물만이 있을 뿐이다. 그리고 위기일 때 사람의 본성이 드러나듯이 직접투자를 하며 당장 눈앞에서 수익이 오르내리다 보면, 앞서 자신이 파악한 투자 성향과 전혀 다른 모습에 놀라는 이들이 적지 않다.

그렇다면 어떻게 자신의 투자 성향을 정확히 파악할 수 있을까? 처음 주식 계좌를 만드는 단계에서 증권사에서 간단한 질의응답을 통해 고객의 투자 성향을 진단하고 있지만, 자신의 성향을 가장 확실하게 알기 위해서는 스스로 투자를 해보아야 한다. 본격적인 투자에 앞서, 본인의 투자 성향을 파악하기 위해 수업료라고 생각할 수 있을 정도의 소액으로 주식을 매수해보는 것이다.

초심자의 운이 작용해 초반부터 수익률 상승을 기록하거나 원금의 대부분을 잃을 수도 있다. 이렇게 실제로 몇 차례 직접 투자해보면 주가의 등락에 따라 내가 어떤 성향의 사람인지를 깊이 있게 체감할 수 있게 된다. 다음과 같이 자신의 투자 모습에 대한 객관화된 평가가 가능해지는 것이다.

"나는 주가가 널뛸 때마다 일이 손에 안 잡히더라고. 그냥 안정적인 수익을 추구하는 투자가 내 성향에 맞는 것 같아."

"나는 불안정한 주식의 변동성에 스트레스를 덜 받는 편이네. 은행 예금도 아니고 주식투자하는데, 이왕이면 좀 더 높은 수익을 기대하고 싶어."

이처럼 내가 주식시장의 변동성에 같이 흔들리는 성향인지, 아니면 원금 손실의 리스크에도 장기적인 투자 수익을 기대하며 견딜 수 있는 성향인지를 확실히 파악할 수 있다.

본래의 투자 성향과 맞지 않는 투자는 엄청난 스트레스를 가져온다. 만약 본업이 전문투자자라면 이런 스트레스를 마땅히 감내해야겠지만, 일반 투자자들은 사정이 전혀 다르다. 투자 스트레스가 일상이나 본업에 영향을 미칠 수도 있다. 결국 투자를 통해 일과 수익이라는 두 마리 토끼를 잡으려다가 정작 모두 잃게 되는 일이 생기는 것이다.

반면 자신의 성향에 맞게 투자하면 투자에 재미를 느끼고 투자를 습관화하게 된다. 자연히 장기투자를 할 가능성이 높아지는 것이다.

투자에 대한
발상을 전환하라

앞서 강조했듯이 이제는 내 유동자산의 일부를 투자하는 게 아니라, 전 재산을 걸고 투자해야 하는 시대가 됐다. 또한 투기적인 성격의 단기투자가 아닌 장기적인 안목으로 투자할 수 있어야 한다. 그래야 현재만이 아니라 은퇴 후 남은 40여 년의 노후를 대비할 수 있다.

문제는 전 재산을 투자하는 것이 쉽지 않다는 데 있다. 일반적으로 많은 사람들이 여윳돈의 범위에서 투자를 한다. 전 재산을 투자하는 것은 웬만한 강심장을 지닌 사람이 아니면 할 수 없다고 생각한다.

행동경제학에 따르면 인간은 버는 것보다 잃는 것에 훨씬 더 민감하게 반응한다. 수익보다 손실에 평균 2.5배 더 민감하다는 연구 결과도 있다. 손실과 수익을 동일하게 받아들이지 못하는 것이다. 주식투자자들에게 전 재산을 투자하라는 말이 정신 나간 소리처럼 들리는 이유가 이 때문이다.

게다가 이런 불안감은 단지 주가가 떨어져 손실이 발생할 때만이 아니라, 주가가 올라도 생기게 된다. 개인들은 폭등장에서도 불안감에 제대로 투자하기가 힘들다. 현재 급등 중인 주식시장에 전 재산을 자신 있게 투자할 수 있을까? 상투를 잡는 것은 아닐지 불안해서 쉽게 들어가기가 힘든 게 현실이다.

이와 같은 일반적인 투자 심리 앞에서 전 재산을 투자하라는 말은 무슨 뜻일까? 자신의 전 재산을 변동성의 소용돌이에 밀어 넣으라는 뜻이 아니다. 오히려 전 재산을 투자해도 괜찮을 만큼 안정성이 높은 투자를 하라는 것이다. '따도 그만, 잃어도 그만'이 아닌 전 재산을 지키는 투자를 해야 한다.

세계 최고의 기업도 한순간 망할 수 있다

그러기 위해서는 기업에 '몰빵' 하여 투자하는 것은 가급적 피해야 한다. 한 기업에 자신의 전 재산을 투자하는 것은 굉장히 위험하고 무모한 투자 방법이다. 아무리 우량한 기업도 피할 수 없는 악재에는 엄청난 하락이 생길 수 있기 때문이다.

특히 기업은 언제든 망할 수 있다는 게 가장 큰 위험 요인이다. 아무리 현재 엄청난 수익을 내고, 주식이 폭등하는 기업이라도 하루아침에 망할 수 있는 게 현실이다.

핀란드에 본사를 둔 다국적 기업인 노키아(Nokia)의 사례를 보면, 개별 기업에 투자하는 것이 얼마나 위험한지 정확히 알 수 있다. 노키아는 1998년부터 13년간 휴대전화 분야에서 시장점유율 세계 1위의 기업이었다. 애플과 삼성을 합친 것보다 휴대폰 시장 점유율이 높았으니 그야말로 압도적인 기업이었다. 그러나 지금은 어떤가? 요즘 10대, 20대 중에는 노키아가 휴대전화를 만드는 회사인지 모르는 경우가 대부분이다. 스마트폰이 바꾼 휴대전화 시장의 변화를 따라가지 못해 2013년 노키아의 휴대전화 사업부는 마이크로소프트에 매각되고 말았다. 지금도 노키아 브랜드의 스마트폰이 출시되고는 있지만, 시장점유율은 과거에 비하면 초라할 뿐이다.

다음의 그래프를 보면 1960년경 S&P500에 편입된 기업들의 평균 수명은 60년 정도를 기록하고 있다. 하지만 2020년 현재를 살펴보면 평균 20년이 채 되지 않는다. 게다가 기업들의 평균 수명은 앞으로도 점차 짧아질 전망이다. 산업 형태의 구조적인 변화로 인해 기업의 흥망성쇠가 이루어진 것이다. 테슬라가 가파르게 성장하는 이유 역시 탄소 배출 규제로 인한 기존 자동차 산업의 전반적인 구조가 바뀌면서 나타난 결과물이 아니던가? 이런 흥망성쇠

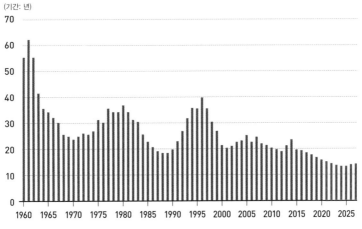

• S&P500에 속한 기업들의 평균 수명 •

(기간: 년)

출처: INNOSIGHT, Richard N. Foster, Standard & Poor's

에는 노키아 같은 세계 최고의 기업도 피해갈 수 없는 것이다.

이러한 투자 위험성을 피해가기 위해서는 어떻게 해야 할까? ETF와 같은 지수에 투자하는 방법이 있다. 예를 들어 테슬라 를 사고 싶으면, 테슬라의 개별 주식을 직접 매수하는 게 아니라, S&P500지수를 매수하는 것이다. S&P500지수에 테슬라가 포함 되어 있기 때문이다. 아마존도 마찬가지다. 아마존을 사고 싶으면 아마존이 포함되어 있는 S&P500지수를 사면 된다.

그럴 가능성은 상당히 낮지만 만약 테슬라나 아마존이 망하 게 되면 해당 기업에 직접투자한 투자자들은 원금을 모두 잃을 수밖에 없다. 그러나 국내 S&P500 관련 ETF인 'KINDEX 미국

2부 어떠한 상황에도 흔들림 없는 투자 전략

S&P500'이나 'TIGER 미국 S&P500'과 같은 종목을 매수한 투자자는 테슬라나 아마존이 망하더라도 크게 영향을 받지 않는다. 단지 S&P500지수에서 해당 기업이 퇴출될 뿐이기 때문이다. 그리고 그 자리는 S&P500에 새롭게 편입된 기업이 차지하게 된다.

기업이 아닌 상장지수에, 그것도 한 국가가 아니라 여러 국가의 지수에 투자하는 것은 장기투자를 위한 안정성을 높이는 좋은 방법 중 하나이다.

6장

안정적인
수익 시나리오
만들기

종잣돈이 없다고 투자를 포기할 필요가 없다. 하루 한 잔의 커피값만 투자해도 부자가 될 수 있다. 놀랍지 않은가. 우리에게는 '시간'이라는 복리의 마법이 있기 때문이다.

소액으로도 투자할 수 있는 간접투자 방식인 ETF와 로보어드바이저 투자에 대해서도 살펴볼 것이다. 이를 활용하면 직접투자보다 위험성을 낮춰 보다 안전한 투자를 할 수 있다. 이 방법들이 투자 전략을 짜는 데 큰 도움이 될 것이다.

우리가 가진 가장 큰 무기는 '시간'이다. 시간이 주는 복리 효과를 믿고 소액이라도 꾸준히 투자하자.

하루 커피값으로
부자가 될 수 있다

최근 주식시장의 특징 중 하나가 투자를 시작하는 연령이 낮아지고 있다는 것이다. 과거 주식시장은 대개 중장년층이 주를 이뤘다. 어느 정도 생활 기반을 마련한 뒤 가용 가능한 목돈으로 투자를 시작한 것이다. 그러나 지금은 2030세대는 물론이고 10대 청소년들도 잇따라 시장에 진입하고 있다. 대학을 졸업하며 직장에 입사하자마자 투자를 시작하는 새내기 직장인, 아르바이트로 번 돈으로 첫 주식을 사는 대학생, 부모님께 용돈을 받아서 주식을 통한 경제 공부에 나서는 청소년 등은 2020년부터 시작된 투자 바람에 새롭게 주식시장에 등장한 이들이다.

어린 나이부터 주식시장에 관심을 가지는 것은 바람직하다. 자본주의 시대에 일찍이 금융과 경제에 관심을 가지는 것은 세상을 바라보는 시야를 넓히고 자산을 모을 시간을 버는 일이다.

문제는 주식투자 연령이 낮아지면서 초기 투자금액을 마련하는 데 어려움을 겪는 이들이 많아졌다는 것이다. 투자로 돈을 벌기 위해서는 투자금액이 클수록 유리한 것은 당연한데, 금수저가 아닌 이상 젊은 세대에게 목돈이 있을 리는 없는 것이다.

이들 중에는 소액을 굴려봐야 큰돈을 벌 수 없을 거란 생각에 투자를 포기하거나 무리한 신용대출 혹은 담보대출을 통해 투자 자금을 마련하는 위험천만한 상황이 벌어지기도 한다.

그러나 투자를 포기하는 것도, 투자를 위해 빚을 내는 것도 좋은 투자의 자세가 아니다. 투자가 선택이 아닌 필수인 시대이기에 반드시 투자해야 한다. 하지만 그렇다고 빚까지 내서 투자했다가 자칫 큰 손실을 보게 된다면 감당하기 어려운 상황을 맞을 수도 있다.

강조하지만, 투자는 금액에 연연해할 필요가 없다. 우리에게는 이미 더 큰 무기가 있다. 바로 시간이다. 자산에 장기투자를 할 수만 있다면 소액으로도 충분히 노후 자산을 마련할 수 있다. 적은 금액이라도 꾸준히 투자하고 오랫동안 가지고 간다면 복리 효과로 인해 충분히 원하는 결과를 얻을 수 있기 때문이다. 오히려 적은 금액으로 꾸준히 투자하는 것은 투자 습관을 기르는 좋은 방법이기도 하다.

스노우볼 이펙트, 복리의 마법을 믿어라

복리 효과를 조금 더 자세히 들여다보자. 세계 최고의 투자자를 꼽으라 하면 많은 사람들이 워런 버핏(Warren Buffett)을 꼽을 것이다. 워런 버핏이 주식투자로 벌어들인 자산만 한화로 90조 원이 넘으며, 그가 CEO로 있는 지주회사인 버크셔 해서웨이(Berkshire Hathaway)는 세계 최고의 주식으로 손꼽힌다. 그런데 우리는 그가 가진 천문학적인 재산에만 집중할 뿐, 그의 재산이 어떻게 만들어졌는지에 대해서는 크게 관심을 가지고 있지 않다. 단지 그에 관련된 다양한 책이나 언론 보도를 통해 그가 기업의 가치에 투자해 큰돈을 벌었다는 것만 알 뿐이다.

그러나 이렇게 말하면 어떨까? 그의 자산의 90% 이상이 50세 이후에 만들어진 것이며, 특히 그중에서도 대부분은 60대 중반에 형성된 것이라고. 불과 열 살이라는 어린 나이부터 시작된 그의 투자는 70년 넘게 꾸준히 지속됐고, 그 70년이라는 시간의 힘이 현재의 엄청난 부를 일군 원동력이 되었다. 실제로 워런 버핏은 자신의 자산 형성 방법을 언급하며 스노우볼 효과(Snowball effect)를 이야기했다.

스노우볼 효과는 눈사람을 만드는 것처럼 처음에는 작은 눈덩이도 계속 굴리다 보면 어느새 산더미처럼 커지는 복리 효과를 빗댄 말이다. 이처럼 초기에는 작은 원금도 이자에 이자가 붙어 큰

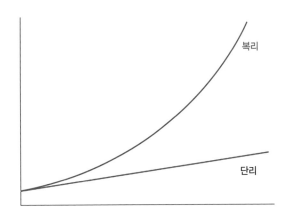

• 복리와 단리 비교 •

복리

단리

자산이 된다. 경기가 어떻고, 거래 전략이 어떻고 하는 단기적인 투자 방법이 성공을 이끈 게 아니라, 쉽게 망하지 않고 꾸준히 성장할 만한 기업의 주식을 매수해 오랫동안 기다린 것이 워런 버핏을 세계적인 투자자로 만든 방법이었던 것이다.

천재 물리학자인 아인슈타인이 역사상 가장 위대한 발견은 자신이 발견한 상대성 이론이 아니라 '복리 효과'라고 말했을 정도로 복리의 힘은 엄청나다.

특히 시간 자체가 우리에게 돈을 벌어다 준다는 점에 주목해야 한다. 복리는 나의 노력이라는 기회비용에서 얻어지는 것이 아니라, 저절로 흘러가는 시간에서 발생하는 것이기 때문이다. 따라서 더 높은 복리 효과를 얻기 위해서는 일찍 투자를 시작하는 게 무엇보다 중요하다.

이러한 복리의 마법은 어려운 경제 관념이 절대 아님에도 불구하고 실제로 이를 실행해 혜택을 받는 경우가 생각보다 많지 않다.

이유는 간단하다. 처음에는 소액이기 때문에 이자가 붙어나도 크게 수익이 났다고 느껴지기 어렵기 때문이다. 결국, 중도 포기해 버리고 마는 경우가 대부분이다. 하지만 인내를 가지고 꾸준히 투자를 진행하면, 어느 시점부터 투자금은 엄청난 액수로 몸집을 불리게 된다.

간단한 예를 들어보자. 오늘 하루도 많은 이들이 습관처럼 커피를 마시고 있다. 출근하면서 아침의 피로를 떨치기 위해, 점심식사를 끝내고 잠깐의 휴식을 위해, 동료들과 이야기를 나누며 커피를 마신다. 그야말로 커피는 무의식적인 우리의 일상 중 하나가 된 것이다. 이 때문에 누구나 한 번쯤 이런 말을 해본 적이 있을 것이다.

"매일 마시는 커피값만 아꼈어도 차 한 대는 사지 않았을까?"

그만큼 무의식적으로 소비하는 커피값이 쌓이면 만만찮은 탓인데, 실제로 우리가 습관적으로 마시는 커피값을 모으면 얼마나 될까?

2018년 국제커피협회에 따르면 한국인의 커피 소비량은 1년에 512잔이나 된다고 한다. 커피 한 잔의 가격을 5,000원으로 잡으면 한 달에만 21만 원, 1년이면 무려 256만 원을 지출하고 있는 셈이

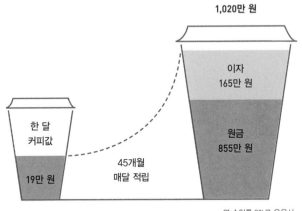

• 하루 커피값으로 1,000만 원 만들기 •

1,020만 원

이자
165만 원

한 달
커피값

원금
855만 원

45개월
매달 적립

19만 원

＊ 연 수익률 9%로 운용시

다. 꽤 큰 금액이다.

하지만 커피를 아예 안 마실 수는 없으니, 일주일에 한 잔 정도로만 줄여보면 어떨까? 그러면 한 달에 19만 원을 아낄 수 있게 된다. 이 돈을 45개월간 매달 모으게 되면 약 855만 원을 저축할 수 있다. 게다가 연 9%의 수익률이 나는 투자 상품에 넣었다면 어떨까? 이자만 165만 원이 되어 45개월이면 총 1,020만 원을 모으게 된다.

이처럼 커피값과 같은 적은 돈도 꾸준히 모으면 이자까지 붙어 큰돈을 모을 수 있다. 복리 효과라는 시간이 만들어낸 마법을 누릴 수 있기 때문이다.

2부 어떠한 상황에도 흔들림 없는 투자 전략

투자금액보다 시간의 힘이 중요하다

실제로 위의 예를 실행에 옮기기로 결심한 직장인 A의 사례를 살펴보자. 이제 막 회사에 입사한 25세 A는 주식투자를 하고 싶지만, 아직은 투자를 할 만한 자산을 모으지는 못했다. 대신 매일 마시는 커피값을 아껴 투자하기로 결심한다.

25세부터 한 달 커피값 19만 원을 투자해 연 9%의 수익률(자산배분을 통한 평균수익률)로 운용한다면, 은퇴하는 65세까지 40년 동안 얼마의 자산을 모으게 될까?

처음에는 돈이 크게 불어난다는 느낌이 적을 것이다. 중간중간 목돈이 필요해서 깨고 싶은 순간도 있을 것이다. 하지만 그 유혹

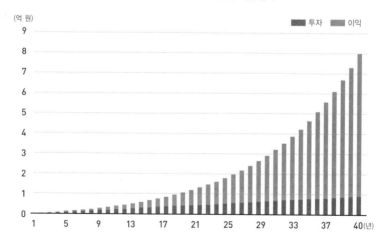

• 하루 커피값으로 40년 투자할 때 자산 변화 •

을 견디고 복리의 마법을 믿는다면 앞의 그래프와 같은 놀라운 결과를 이룰 수 있게 된다.

25세의 새내기 직장인이 특별한 재테크 없이 꾸준한 장기투자만으로, 65세의 은퇴 때 얻을 수 있는 금액이 놀랍지 않은가? 40년이란 인고의 세월이 그에게 안겨준 선물인 것이다.

초기 투자금액에 대한 부담감에서 벗어나자. 투자금액보다 중요한 것은 복리의 힘이다. 하루 한 잔의 커피값으로도 목돈을 모을 수 있다. 시간의 힘, 즉 장기투자의 힘을 믿고 지금 당장 투자를 시작해야 하는 이유가 여기에 있다.

왜 ETF가
시장의 대세가
되었을까

        소액으로도 꾸준히 투자한다면 복리 효과로 부자가 될 수 있다는 것에 대해서는 이제 누구도 부정하지 못할 것이다. 그런데 주식시장에서 실제로 투자를 해보면 소액 투자가 말처럼 쉽지 않다는 것을 느끼게 된다.

  소액으로 살 만한 주식이 별로 없기 때문이다. 정확히 말하면 1,000원이나 2,000원짜리 주식도 많지만 투자할 만한 주식이 없다는 뜻이다. 물론 개중에는 가치가 저평가된 주식도 숨어 있을 수 있겠지만, 대부분은 원금조차 잃을 가능성이 큰 비우량주에 불과하다.

  그렇다면 우량주는 어떠한가? 이미 오를 대로 올랐다는 생각에 쉽게 투자하지 못하는 것이 현실이다.

따라서 꾸준한 소액 투자를 위해서는 개별 기업에 대한 직접투자보다는 펀드나 ETF를 통한 간접투자가 더 효율적이라 할 수 있다. 간접투자는 일반적으로 개인들의 자금을 모아 자산운용사가 운용하는 펀드를 말하는데, 운용 방법에 있어 크게 액티브 펀드와 패시브 펀드로 구분할 수 있다.

액티브 펀드와 패시브 펀드

액티브 펀드(Active fund)는 시장수익률을 초과하는 것을 목표로 자산운용사가 펀드매니저를 통해 조성한 펀드를 말한다. 'Active'의 뜻처럼 수익률이나 성장 가능성이 높은 종목 위주로 펀드를 만들고 적극적으로 매매를 하기 때문에 수수료가 높다. 투자에 성공하면 수익률이 높지만, 실패하면 손실 리스크가 큰 게 단점이다.

패시브 펀드(Passive fund)는 'Passive'의 뜻처럼 S&P500지수나 코스피200지수와 같이 특정 주가지수에 속한 주식들을 담아 그 지수 상승률 만큼의 수익률을 추구하는 펀드를 말한다. 즉, 장기적으로 주가가 우상향한다는 전제를 하고 있어서 장기적인 투자에 적합하다. 펀드매니저의 판단이나 개입이 크게 필요치 않기에 수수료가 낮고, 투자에 실패해도 리스크가 적다는 게 장점이다.

패시브 펀드에는 대표적으로 인덱스 펀드, ETF가 들어가는데,

여기서는 ETF에 대해 집중적으로 다룰 예정이다. '21세기 최고의 금융상품'이라는 애칭이 붙을 만큼 ETF는 최근 전 세계적으로 성장세가 두드러지고 있다.

ETF는 'Exchange Traded Fund'의 약자로 '거래소에서 거래되는 펀드'라는 뜻을 가지고 있다. 간단히 말해 펀드를 주식시장에서 거래할 수 있게 상장 시켜놓은 것으로, 분산투자가 가능한 펀드의 장점과 실시간 거래가 가능한 주식의 장점을 모두 지녔다.

ETF를 설명할 때, 빼놓을 수 없는 게 바로 세계 최고의 자산운용사인 블랙록(Black Rock)이다. 블랙록은 1988년 래리 핑크(Larry Fink)와 로버트 카피토(Robert Kapito)가 6명의 직원과 함께 뉴욕의 작은 사무실에서 시작한 기업으로, 30여 년이라는 짧은 업력에도 불구하고 현재 약 8,400조 원을 운용하며 세계 최고의 자산운용사로 성장했다. 세계 3대 기금이라는 국민연금이 800조 원 정도인 것으로 비교하면, 그 규모가 얼마나 큰지 짐작이 갈 것이다.

블랙록은 처음에는 액티브 펀드 위주로 운용을 시작해 MBS(모기지저당증권)시장에 진출해 두각을 나타내다가 1999년의 닷컴 버블 이후 세계 최대의 자산운용사 자리에 올랐다. 그리고 2009년 ETF 시장을 주도하던 'iShare'를 포함한 영국계 자산운용사인 바이클레스(Barclays Global Investors)를 인수하면서 ETF 시장의 강자로 군림하기 시작했다.

이처럼 10여 년 전부터 블랙록이 ETF 시장에 주목하며 영역을 확장하게 된 이유는 투자자들의 자금이 그만큼 패시브 투자에 몰리기 시작했기 때문이다. 2008년 글로벌 금융위기로 인해 자산이 하루아침에 반토막이 나는 경험을 한 투자자들이 안정적 투자에 대한 중요성을 인식하며 수요가 폭발적으로 늘어난 것이다.

실제로 미국뿐만 아니라 우리나라의 국민연금도 액티브 펀드의 비중을 줄이고 패시브 펀드로 투자 비중을 늘리고 있다.

ETF가 대세인 이유

그렇다면 ETF가 최근 국내 개인투자자들 사이에서 더욱 주목받는 이유는 무엇일까?

첫째, 저금리·저성장 시대가 장기적으로 지속될 가능성이 높아짐에 따라 수수료율이 보다 중요해지게 되었기 때문이다. 예를 들어 투자수익률이 4.0%일 때, 수수료가 1.0%면 실제로 투자자는 3.0%의 수익률을 얻게 되는데, 수수료가 0.5%로 절반 가까이 낮아지면 3.5%의 수익률을 얻을 수 있다. 이 0.5%의 차이는 수익률이 높을 때는 투자자들에게 크게 와닿지 않을 수도 있다. 하지만 저성장·저금리 시대에 높은 수익률을 추구한다는 것은 어렵기 때문에, 일반 펀드보다 수수료가 낮은 ETF를 통해 수익률을 높이려는 투자자들이 늘어난 것이다.

둘째, 경제성장률이 마이너스가 되지 않는 한, 금융시장도 같이 성장할 수밖에 없기 때문이다. 2008년 금융위기와 같은 특별한 이슈를 제외하고 금융시장은 전체적으로 성장하는 추세를 보이게 된다. 따라서 시장의 수익률을 추구하는 것이 바람직하며, 복리 효과에 대한 이해도가 높아지면서 투자자들의 유입이 늘어나고 있는 것이다.

마지막으로, 적은 금액으로도 우량주에 투자하는 효과를 얻을 수 있기 때문이다. 예를 들어 액면분할 전의 삼성전자 주식은 250만 원대로 개인투자자가 한 주를 사기에는 부담스러운 금액이었다. 이때 3만 원대로 한 주를 매입할 수 있는 'TIGER 200 IT' 'ARIRANG 200' 'KODEX 200' 등의 ETF에 투자하면 삼성전자에 간접투자하는 효과를 거둘 수 있었다.

> "우량주를 매입하고, 수면제를 먹고 자라.
> 10년 뒤에 깨어나면 부자가 되어 있을 것이다."

유럽의 워런 버핏이라 불리는 앙드레 코스톨라니(André Kostolany)의 말처럼 높은 리스크를 가진 개별 종목에 대한 투자하는 것은 피해야 한다. 그 대신 낮은 수수료로 수익을 높일 수 있으며, 우량주를 간접적으로 매입할 수 있는 ETF를 통한 패시브 투자를 고려해야 한다.

직접투자
vs.
간접투자

소액으로도 할 수 있는 간접투자가 글로빌 투자시장의 대세로 자리 잡아가고 있는 현재, 우리의 상황은 어떨까?

한국은행에 따르면 우리나라의 가계 금융자산 중에서 주식이 차지하는 비율은 15.7%에 불과한 것으로 나타나고 있다. 최근의 주식 열기에 이 비율은 좀 더 높아졌겠지만, 그래도 미국이나 OECD 국가의 평균에 비하면 훨씬 못 미치는 게 사실이다(현금을 선호하는 일본은 예외적인 상황임을 고려해야 한다).

또 하나 주목할 점은 펀드에 가입한 비율은 불과 2.6%에 그치고 있다는 점이다. 이는 마찬가지로 OECD 평균에도 못 미칠뿐더러 미국에 비하면 주식 비율은 2분의 1 정도이지만, 펀드 비율은

(단위: %)

		2018	2019	2020.2Q
한국	주식	15.2	15.3	15.7
	펀드	2.9	2.8	2.6
미국	주식	33.6	35.4	34.7
	펀드	11.7	12.9	12.7
일본	주식	9.5	10.3	9.1
	펀드	3.5	3.8	3.5
OECD 평균	주식	23.9	24.0	23.3
	펀드	6.6	7.1	6.8

출처: 국민의힘 유경준 의원실, 한국은행

3.5배나 낮은 수치이다.

게다가 우리나라의 펀드 비율은 오히려 더 낮아지고 있다는 점도 눈에 띈다. 바꿔 말하면, 직접투자로 수익을 얻기를 원하는 투자자들이 늘고 있다는 뜻이다.

그러나 거듭 강조하지만, 개별 기업에 대한 투자는 리스크가 너무 크다. 세계 최고의 투자자라 불리는 워런 버핏조차 기업에 투자를 고려할 때, 해당 기업을 직접 찾아가서 최고경영자와 대화를 나누어 보고, 심지어 직원들의 밥 먹는 표정까지 살펴본다고 한다. 데이터화하기 힘든 수많은 유무형의 정보들까지 일일이 확인한 뒤에야 투자의 여부를 결정하는 것이다. 그런데 본업이 따로 있는 개인이라면 이처럼 다양한 기업 정보를 획득하는 것이 가능한 일일까?

워런 버핏이 인덱스 펀드에 장기투자할 것을 강력하게 권하는 것도 이 때문이다. 워런 버핏은 그의 아내를 위해 미리 준비한 유언장에 "재산의 90%는 S&P500 인덱스 펀드에 투자하고, 나머지 10%는 미국 단기 국채에 투자하라"고 썼다.

간접투자, 장기투자 상품에 투자하라

금융 선진국인 미국의 경우에도 간접투자가 직접투자보다 훨씬 더 포지션이 크다는 점을 기억해야 한다. 유럽도 마찬가지다. 선진국들은 기본적으로 직접투자보다 간접투자의 비중이 더 크며, 앞으로도 간접투자의 비중은 계속 커질 것이다.

그렇다면 선진국에서는 왜 간접투자를 더 선호하는 걸까? 앞서 언급한 것처럼 기본적으로 2008년 글로벌 금융위기와 유럽발 금융위기를 경험하면서 위험을 분산하는 투자의 중요성을 절실히 깨닫고, 투자의 위험성에 대비한 투자의 중요성에 집중하게 된 것이다.

우리 시장도 마찬가지다. 몇 개월이고 상승이 이어지는 시장은 없다. 시장은 언젠가 조정을 맞게 된다. 실물경기가 좋은 것도 아니고, 실업률은 IMF 이후 가장 심각하다. 자영업자들은 어떠한가? 일을 해서 돈을 벌고 소비를 해야 기업이 성장하고 경기가 좋아지는데 그렇지 못한 상황이다. 지금은 정부에서 인위적으로 현금을 찍어내는 바람에 자산의 가격이 상승하고 있는 것뿐이다.

따라서 이러한 상승은 필연적으로 조정을 받을 수밖에 없다. 이런 시기에 수익률만을 바라며 개별 기업에 무리하게 투자한다면 어렵게 모은 자산마저 잃을 가능성이 있다.

물론 그렇다고 투자를 안 할 수도 없는 게 현실이다. 근로소득만으로는 노후 빈곤이 현실화될 것이기 때문이다. 이런 상황에서는 공격적인 직접투자보다는 간접투자에 비중을 두어야 한다.

무엇보다 개인의 노력으로 개별 종목 투자에서의 정보를 얻는 것은 한계가 있다는 것을 명심해야 한다. 대신 간접투자 상품인 코스피200, S&P500, 나스닥 같은 주가 인덱스를 추종하는 ETF 상품에 투자하면 위험성을 낮출 수 있다.

인덱스 투자의 신념은 '사람들은 자산 가격이 올라가는 사회에서 살고 싶어 한다'이다. 만일 자산 가격이 내려가는 사회가 더 행복한 사회라고 믿는다면 그 어떤 투자도 감행할 수 없을 것이다. 자산 가격이 내려가는 사회에서는 모든 투자가 손실을 야기할 것이고, 이러한 사회에서는 현대 문명을 이끄는 기술기업들의 발전이 일어날 확률이 낮기 때문이다.

자산배분 전략도 진화하고 있다

코스피200, S&P500, 나스닥 같은 인덱스를 추종하는 ETF 상품을 여러 국가의 인덱스에 배분하여 투자하는 자산배분 상품이 보다 중요해지고 있다.

현재의 금융환경에서는 전통적인 자산배분 전략으로는 더 이상 글로벌 자산배분의 장점을 누리기 어려운 게 현실이다. 과거 채권금리가 연 4~5%인 시절에는 기본적으로 채권과 주식, 선진국과 신흥국 등의 단순한 지역 배분 방식만으로도 만족할 만한 성과를 얻을 수 있었다. 그러나 지금처럼 제로금리가 고착화된 상황에서는 기존의 전통적인 지역별 자산배분 전략만으로는 충분한 성과를 기대하기 어렵다.

따라서 떠오르는 산업군, 즉 테마주를 융합한 글로벌 자산배분 전략이 필요하다. 클린에너지, 바이오 등 최첨단 기술 집약형 산업군은 기존 자산배분 전략의 요소들과 마찬가지로 낮은 상관관계를 가지며, 안정성과 더불어 수익의 차이를 만들어낼 수 있다.

즉, 과거 자산배분 상품에서 주식투자의 주요 대상은 국가를 대표하는 인덱스 펀드였기에 투자 지역 간 배분을 통해 수익을 창출했다면, 최근에는 투자 지역보다는 테마 간 배분에서 더 큰 수익을 창출할 수 있는 것이다.

이 같은 흐름은 코로나19 이후 기술주에 대한 관심이 폭증하며

● 업종 배분(다우존스), 기술 테마 배분(나스닥)의 지수 차이 그래프 ●

출처: 파운트

더욱 가속화되고 상황이다. 여기서 말하는 테마는 유행하는 산업에 따라 묶이는 주체를 말하며, 2021년 기준으로 대표적인 테마와 매칭되는 ETF는 다음 표(위)와 같다.

실제 잘 배분된 테마 포트폴리오는 지역 배분 이상의 분산 효과를 내고 있다. 다음 그래프(아래)의 테마 ETF들 간의 상관관계 값과 대표적인 지역 배분 조합인 S&P500지수(미국)와 MSCI신흥국지수 간의 상관관계 값의 추이를 비교하면, 테마 ETF 간 평균 상관관계 값이 전체적으로 더 낮은 것을 볼 수 있다. 앞서 말한 것처럼 자산들 간에 상관관계가 낮을수록 분산투자의 효과는 높아진다. 자연히 안정성, 수익성 측면에서도 훨씬 더 유리해진다.

2부 어떠한 상황에도 흔들림 없는 투자 전략

• 테마와 매칭되는 미국 ETF •

테마	ETF
대형 기술주	Invesco QQQ Trust
인터넷	ARK Next Generation Internet ETF
게임	Wedbush ETFMG Video Game Tech ETF
반도체	VanEck Vectors Semiconductor ETF
로보틱스	ROBO Global Robotics & Automation Index ETF
바이오	ARK Genomic Revolution ETF
중국소비	Global X MSCI China Consumer Discretionary ETF
클린에너지	Invesco Cleantech ETF
전자결제	ETFMG Prime Mobile Payments ETF

출처: 파운트

• 테마ETF 조합과 지역ETF 조합의 상관관계 값 추이 •

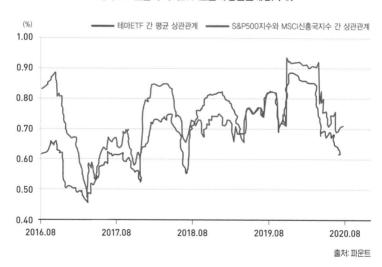

출처: 파운트

이처럼 현재와 같은 기조가 유지된다면, 안정성 측면에서도 테마 포트폴리오는 충분히 매력적인 요소가 될 수 있을 것이다.

결과적으로 주가는 장기적으로 오를 수밖에 없다. 그러나 조정은 불가피하다. 따라서 본인이 그 시기를 버틸 수 있다면 개별 기업에 공격적인 투자를 하면 된다. 그러나 버틸 수 없다면 버틸 수 있는 투자, 즉 자산배분 포트폴리오를 구성해 인덱스 ETF 상품으로 장기투자를 하는 것이 바람직하다.

직장인에게
효율적인
수익 시나리오

지금까지 변동성을 최소화하여 장기투자를 할 수 있는 방법들을 알아보았다. 결국 해가 갈수록 척박해지는 노동환경과 금융환경에서 일반 투자자가 가진 가장 큰 무기는 '시간'이다. 시간에서 발생하는 복리 효과를 통해 자산이 쌓이는 것이다.

마지막으로 최근 투자시장에서 떠오르고 있는 로보어드바이저를 활용한 투자를 살펴보고자 한다. 장기투자를 하기 위한 간접투자와 자산배분 투자를 모두 충족시키는 솔루션이 로보어드바이저에 있기 때문이다.

꾸준히 기대수익을 얻는 방법

앞서 2장에서 살펴본 바 있는 로보어드바이저는 리스크를 줄이는 분산투자를 기본으로 하기 때문에 특히 폭락장에서 제 실력을 발휘할 수 있다. 반면 분산투자로 인해 폭등장에서는 개별주보다 수익이 떨어질 수밖에 없다. 이에 대해 이렇게 묻는 이들이 있을 것이다.

"폭등장에서 수익률이 크지 않은데 무슨 소용이 있는가?"

그러나 반문해보자. 폭등장에서도 강하다면 로보어드바이저는 말 그대로 시장을 족집게처럼 정확히 예측할 수 있다는 뜻이다. 만약 이게 가능하다면 로보어드바이저 업체들은 굳이 투자자를 모집할 필요가 없다. 대출을 최대 한도까지 내고, 레버리지를 최대한 당겨 투자하면 엄청난 수익률을 스스로 낼 수 있을 테니 말이다.

그러나 현재의 기술로는 시장을 정확히 예측하는 인공지능 기술은 없다. 인공지능 기술로 어떤 주식이 얼마큼 오르내릴지 안다는 것은 허상에 가깝다. 과거에 금을 만들기 위해 노력했지만 실패한 연금술처럼 내일의 주식시장은 인공지능도 예측할 수가 없는 것이다. 그런 것은 기술에 대한 오해일 뿐이다. 결국 로보어드바이저는 폭락장에서 수익률이 크게 떨어지는 것을 방어하고, 폭등장에서는 덜 가져가는 구조를 가지고 있는 것이다.

더 중요한 사실은 로보어드바이저는 장기적으로 꾸준한 기대수익을 만들고 예상할 수 있다는 것이다. 통계학적, 수학적, 금융공학적 인공지능 방법론들이 이야기하는 것이 바로 '대수의 법칙'이다. 만약 주사위를 한 번 던져서 나올 수 있는 확률에 전 재산을 걸 수 있겠는가? 6분의 1 확률은 그 순간 아무런 의미가 없다. 누구도 그런 게임을 하지는 않는다.

하지만 주사위를 100만 번 던지면 어떻게 될까? 6분의 1 확률이 확실하게 나올 수밖에 없다. 즉, 개인이 모을 수 없는 방대한 데이터를 수집해 분석하고, 투자 방향을 정하고, 투자 기간이 늘어날수록 로보어드바이저 예측치의 정확도는 비약적으로 상승하게 되는 것이다. 그러면 당연히 기대수익을 확실하게 실현할 수 있다.

안전하고 간편한 로보어드바이저 투자

이처럼 로보어드바이저는 장기투자를 목적으로 한 간접투자, 자산배분 투자에 있어서 최적의 솔루션을 제공한다. 실제로 미국의 연금자산 중에 절반이 넘는 엄청난 액수가 로보어드바이저를 활용해 투자하고 있다. 그 이유는 무엇이겠는가. 기대수익을 담보하고 있기 때문이다.

100세 시대를 맞아 이제 투자는 필수가 되었다. 돈의 가치가 하락하고 있는 세상에서 근로소득만을 믿지 말고, 적극적으로 자본소득을 만들어야 현재의 행복뿐만 아니라 은퇴 후의 삶을 대비할 수 있다.

그러나 당장 우리들의 삶은 본업을 감당하는 것만으로도 벅차다. 승진은 고사하고 조기 퇴직의 불안을 어깨에 짊어지고 살아가는 것이 우리의 현실이다. 그렇기에 투자에 충분한 시간과 열정을 쏟을 수도 없는 상황에서 '무작정 투자를 시작하라'는 것만큼 무책임하고 무서운 조언도 없다. 게다가 주식시장의 급작스러운 변동성을 생각하면 투자 자체에 대한 두려움만 가중될 뿐이다.

투자는 해야 하는데, 투자를 본격적으로 시작하기는 두려운 딜레마 앞에서 오늘도 많은 직장인들이 좌절하고 있다. 그런가 하면 본인이 감내하지 못할 정도로 위험한 투자를 감행하다가 큰 손실을 보고 한순간에 나락으로 빠져드는 경우도 있다.

결국 우리 직장인들에게 남은 방법은 자산을 배분해 장기투자하는 방법이다. 우리에게 주어진 시간의 힘을 활용해 소중한 자산을 잃을 위험성을 낮추며, 은퇴 후에도 건강한 삶을 영위하는 투자 방법에 주목해야 한다. 이것이 바로 우리가 반드시 지켜야 할 투자의 왕도다.

참고문헌

권지호, 김도완, 지정구, 김건, 노경서(2019), 『우리나라의 잠재성장률 추정』

강현주(2019), 『최근 대내외 요인의 국내 경기하락에 대한 영향력 평가』

국가지표체계, 『E-나라지표 외국인 증권투자현황』

금융보안원(2019), 『2020 디지털금융 이슈 전망』

기획재정부(2020), 『2021년 예산안 홍보자료』

기획재정부(2020), 『2020~2060년 장기재정전망』

김광석(2019), 『경제 읽어주는 남자의 디지털 경제지도』, 지식노마드.

김광석(2020), 『포스트 코로나 2021년 경제전망』, 지식노마드.

김준석, 백인석(2013), 『한국 주식시장 변동성: 평가와 시사점』

뉴스토마토(2020), 『로보어드바이저 펀드, 강세장에도 한자리 수익률』

뉴시스(2020), 『갈 곳 잃은 돈, 1200조 돌파'사상 최대'…부동자금 어디로』

대한무역투자진흥공사(2020), 『미리보는 2021년 미국 소비시장 트렌드』

매일경제(2020), 『코로나發 변동장에도 선방…로보펀드 한달새 500억 유입』

메리츠증권(2020), 『ETF와 해외 자산배분 전성시대, MVAA 자산배분 전략』

미래에셋자산운용(2009), 『장기 투자와 포트폴리오 리밸런싱』

박채진, 류두진(2018), 『국내 인터넷전문은행의 발전 방향』

삼정KPMG(2015), 『핀테크, 앞서가는 중국 따라가는 한국』

삼정KPMG 경제연구원(2020), 『데이터 경제의 시작, 마이데이터: 금융 산업을 중심으로』

이근영(2016), 『국내외 로보어드바이저(RoboAdvisor) 동향 및 현황 분석』

이대기, 유병학(2009), 『한국금융시장의 국내외 연관성 분석』

이근태, 이지선(2017), 『생산가능인구 감소 시대의 경재성장과 노동시장』

유혜미(2020),『2001년 이후 한국의 노동생산성 성장과 인적자본: 교육의 질적 개선 효과를 중심으로』

자본시장연구원(2016),『국내 금융권 자금 흐름의 특징 및 변동요인 분석』

자본시장연구원(2019),『국내 로보어드바이저 도입 현황과 시사점』

자본시장연구원(2020),『리벨런싱 거래가 레버리지인버스 펀드 성과에 미치는 영향』

장근혁, 노산하(2020),『국내외 요인의 국내 주식시장에 대한 영향도 분석』

전창환(2011),『오바마 정부의 금융규제개혁의 성과와 한계』

전해정(2014),『글로벌 금융위기 전후로 거시경제변수와 부동산시장 간의 관계에 대한 연구』

정보통신기획평가원(2020),『인공지능 기반 로보어드바이저 운용 및 기술 동향』

지은정, 최지현, 이숙현(2015),『우리나라 노인의 취업실태 및 기업의 노인인력 수요에 관한 연구』

통계청(2019),『2019년 장래인구특별추계를 반영한 세계와 한국의 인구현황 및 전망』

통계청(2020),『2020년 한국의 사회지표 고령자 통계』

하나금융경영연구소(2016),『국내 로보 어드바이저 시장의 현황과 전망』

한국개발연구원(2007),『공적연금이 거시경제에 미치는 영향에 관한 연구』

한국경제(2020),『부동산 막차 놓친 2030…"주식은 생존수단"』

한국보건사회연구원(2013),『국민연금기금운용 중장기 정책수립』

한국수출입은행『국내 제조업 기업 해외투자 변동추세』

한국은행(2006),『일반화 동적인지모형(GDFM)을 이용한 경기순환지수 작성방법 연구』

한국은행(2018),『2017년중 국내 인터넷뱅킹서비스 이용현황 보도자료』

한국은행(2019),『2015년 산업연관표』

한국은행(2020),『2020년 7월중 금융기관 가중평균금리 보도자료』

한국은행(2020),『2020년 가계금융복지조사 결과』

한국은행(2020),『2021년 미국경제 전망 및 주요 이슈』

한국인터넷진흥원(2020), 『데이터 3법 개정의 주요 내용과 전망』

한국주택금융공사(2015), 『국내 인터넷전문은행 등장의 시사점』

현대차증권(2020), 『자산배분: 자산군 분류 방법 개선을 통한 대체투자 비중 확대 전략』

한국경제(2021), 『신흥국, 기술주 투자 확산…'이머징 테크' 기업에 주목하라』

Betterment(2014), 『Portfolio Optimization: Our Secret to Driving Better Performance』

Burton G. Malkiel(2003), "The Efficient Market Hypothesis and its Critics", Journal of Economic Perspecitves.

Cristian Badarinza, John Y. Campbell, Tarun Ramadorai(2016), 『International Comparative Household Finance』

Eggertsson, G., M. Lancastre and L. Summers(2018), "Aging, output per capita and secular stagnation", NBER Working Paper.

Fortune(2019), 『Stocks, Bonds Are in Sync as They Rise Higher-at Least for Now』

Gary P: Brinson, L. Randolph Hood, and Gilbert L. Beebow (1991), "Determinants of Portfolio Performance", Financial Analysts Journal 47.3, 45.

IMF(2020), 『Fiscal Monitor: Policies for the Recovery』

IMF(2021), 『World Economic Outlook Update』

KEB하나은행(2018), 『2018 대한민국 로보어드바이저 보고서』

Mckinsey(2016), 『Digital Globalization: The New Era of Global Flows』

OECD(2020), 『OECD Economic Surveys Korea』

OSB(2017), 『China Leads FinTech Industry In Asia』

The Wall Street Journal(2000), 『Blindfolded Monkey Beats Humans With Stock Picks』

WTO(2019), 『World Trade Report』

투자 시프트

자산을 지키며 꾸준히 수익 내는 투자 전략

초판 1쇄 2021년 4월 20일

지은이 | 김광석 김영빈

발행인 | 문태진
본부장 | 서금선
책임편집 | 송현경   편집1팀 | 송현경 박지영

기획편집팀 | 박은영 정다이 오민정 허문선 김다혜   저작권팀 | 정선주
마케팅팀 | 김동준 이재성 문무현 김혜민 김은지 정지연   디자인팀 | 김현철
경영지원팀 | 노강희 윤현성 정헌준 조샘 최지은 김기현
강연팀 | 장진항 조은빛 강유정 신유리

펴낸곳 | ㈜인플루엔셜
출판신고 | 2012년 5월 18일 제300-2012-1043호
주소 | (06040) 서울특별시 강남구 도산대로 156 제이콘텐트리빌딩 7층
전화 | 02)720-1034(기획편집) 02)720-1027(마케팅) 02)720-1042(강연섭외)
팩스 | 02)720-1043 전자우편 | books@influential.co.kr
홈페이지 | www.influential.co.kr

ⓒ 김광석 김영빈, 2021

ISBN 979-11-91056-53-2 (03320)